LA RED
DE APRENDIZAJE

Diez años de transformación digital en BBVA

Ricardo Forcano García

Prólogo de Carlos Torres Vila

La red de aprendizaje

ISBN: 9798797714880

ÍNDICE

Prólogo

Conozco a Ricardo Forcano desde hace veinte años, cuando se incorporó al naciente equipo de Estrategia Corporativa que estábamos conformando en Endesa.

A pesar de su juventud, desde el primer día -literalmente- resultó evidente que tenía un impacto poco común en todo lo que hacía. Quizá fuera por su claridad de ideas, o su capacidad de sintetizar conceptos complejos y traducirlos en mensajes sencillos, convincentes. Quizá fuera por su inquebrantable adhesión a los principios en los que creía y a su visión -"el futuro está en las renovables", nos decía en 2002. Quizá fuera por su madurez, más propia de alguien con mucha experiencia que de un veinteañero. O por su espíritu inquieto, su infinita curiosidad por aprender, por descubrir cosas nuevas, y por difundirlas entre los demás. O puede ser que fuera por su tozudez de maño. O tal vez su impacto tan positivo fuera por todo lo anterior a la vez, junto con su optimismo vital y afán por que nos fuera bien.

Después tuve la fortuna de trabajar mucho con Ricardo, a lo largo de la última década, en la transformación digital de BBVA y en su posicionamiento estratégico en torno a la sostenibilidad y a la mejora de la salud financiera de nuestros clientes. Su contribución a este proceso ha sido determinante, no sólo porque ha liderado áreas diversas a lo largo del mismo (de negocio, de personas, de organización, de tecnología) sino por su más amplio papel, como parte del equipo directivo del banco, en conformar e impulsar muchas de las ideas subyacentes, más allá de su área de directa responsabilidad.

En "La red de aprendizaje" Ricardo plasma muchos de estos conceptos de forma sistematizada, ¡mucho más de lo que nos parecía que estuvieran entonces! Su capacidad de estructurar y presentar las ideas agrupadas en modelos conceptuales simplificados permite su comprensión, su generalización y su potencial aplicación en otras organizaciones. Como él mismo indica "cada organización es distinta … pero los retos … son en muchas ocasiones similares". Estoy seguro de que su didáctica exposición de los elementos clave del camino que hemos seguido en BBVA servirán al lector para reflexionar sobre potenciales mejoras a sus propios procesos de cambio. Las preguntas al final de cada capítulo son especialmente pertinentes en este sentido.

La exposición de Ricardo en el libro acerca de su visión personal de los pilares del proceso y de su interacción es sorprendentemente completa: el Propósito para inspirar; el Liderazgo orientado a servir; la Conectividad para vertebrar; el Aprendizaje dirigido a adaptarse y desarrollarse; y el Impacto, que significa entregar valor.

También veo muy acertada su sintética discusión de los tres ingredientes clave, o nodos, de la red de aprendizaje: Personas, Datos y Tecnología. Y es fascinante su mirada al futuro, su incipiente investigación sobre el concepto de "inteligencia colectiva aumentada", y el nuevo paradigma de las organizaciones descentralizadas que integran esos tres ingredientes clave de un modo muy distinto al tradicional.

Pero, por encima de todo, Ricardo subraya la necesidad de que las personas y las organizaciones aprendan continuamente. Estamos viendo cómo cambios tecnológicos con enorme impacto en muchos sectores de actividad, y en el conjunto de la sociedad, se suceden a un ritmo sin precedentes y cada vez más acelerado. En este entorno disruptivo, el éxito de cualquier organización pasa por cambiar también aceleradamente, por convertirse en una "red de aprendizaje". Este libro es una inspiradora guía para conseguirlo.

Carlos Torres Vila
Presidente de BBVA

1. Introducción

Las ideas de este libro se basan en la experiencia vivida durante 10 años en BBVA, un gran banco internacional que ha sido pionero en la transformación de la industria financiera en la última década. Desde 2011 hasta 2020 tuve la suerte de formar parte del equipo de liderazgo de BBVA desempeñando diversos roles: el desarrollo de negocio en mercados emergentes (Turquía, México y América del Sur), la función de recursos humanos (Talento y Cultura) y la gestión de la tecnología y las operaciones como CIO de la entidad.

La experiencia de transformación de BBVA resulta relevante por varios motivos. En primer lugar, porque el banco fue pionero en impulsar algunas iniciativas de transformación cuando casi nadie en el sector las compartía. Mi primera tarea en el banco consistió en abrir una oficina en San Francisco para crear un equipo dedicado a invertir en startups que estaban tratando de reinventar la industria financiera. En aquel momento (2011), explicar que un banco español estaba abriendo una oficina en Silicon Valley para invertir en startups era todo un reto, pero la realidad es que unos años después un gran número de entidades financieras siguieron los mismos pasos. En segundo lugar, la experiencia de BBVA resulta de interés porque a lo largo de estos años el banco ha sido capaz de tomar decisiones valientes, siempre "pensando en grande", que lo han llevado a acometer transformaciones estructurales sobre su modelo de negocio, su organización y su cultura. Por último, los dos motivos anteriores han permitido que la transformación de BBVA sea un proceso continuo (que no termina nunca) y profundo (en todos los niveles), resultando en una organización cada vez mejor adaptada y orientada al cambio. En definitiva, durante los últimos 10 años BBVA ha sido un ecosistema en el que nuevas ideas e iniciativas han sido testadas sistemáticamente, con éxitos y fracasos por el camino pero de forma decidida y sostenida en el tiempo, generando muchos aprendizajes.

Como contexto también relevante para este libro, dejé el banco en diciembre de 2020 para iniciar una nueva etapa personal y profesional. Escribir este libro es para mí un intento de recapitular todo lo que he aprendido a lo largo de estos 10 años trabajando en un sitio tan singular como BBVA y con un equipo tan extraordinario como el del banco. Este texto es por tanto mi forma de cerrar una etapa profesional que he disfrutado mucho y que me ha permitido aprender, crecer y desarrollarme.

Actualmente, además de colaborar con algunas compañías de tecnología, mi labor profesional se centra en la investigación y la docencia en el ámbito de la inteligencia colectiva, área que conecta disciplinas como la psicología, la teoría de redes y la inteligencia artificial para tratar de entender qué tipo de organizaciones humanas podrán existir dentro de 10 años como consecuencia de los desarrollos sociológicos y tecnológicos que vamos a vivir los próximos años. Destaco este punto porque inevitablemente las ideas de este libro están también influenciadas por el proceso de investigación en el que estoy inmerso.

El propósito de este libro no es otro que compartir mis aprendizajes sobre transformación digital durante estos 10 años en

BBVA con aquellas personas que están embarcadas en procesos de transformación similares en sus organizaciones. Cada organización es distinta, y no creo que exista un único camino para avanzar en esta transformación, pero los retos a los que las organizaciones nos enfrentamos son en muchas ocasiones similares. Por tanto, el objetivo del libro no es tanto marcar una hoja de ruta a seguir -cada organización tendrá que definir su propia "ruta" en función de su contexto y realidad de partida- como alimentar la reflexión sobre algunos elementos que creo que forman parte del camino a recorrer. Por este motivo, al final de cada capítulo se incluyen algunas preguntas de cierre que pretenden servir para estimular esta reflexión.

La base de este libro es mi experiencia personal en BBVA, así que tengo que agradecer su contribución a todas las personas con las que he tenido la suerte de trabajar en el banco a lo largo de estos años. Particularmente a Carlos Torres Vila, que me dio la oportunidad de desempeñar diferentes roles en el banco y formar parte de su equipo de liderazgo, y a Antonio Bravo, que me acompañó en diferentes etapas como persona clave del equipo. También a los miembros del Global Leadership Team de BBVA, con los que disfruté trabajando como un verdadero equipo, y a los equipos de las áreas de Engineering & Organization, Talent & Culture y Business Development Growth Markets de los que tanto aprendí y junto con quiénes pude experimentar muchas de las ideas que se desarrollan en estas páginas. Más allá de BBVA, mi agradecimiento también a todas las personas que me han inspirado a lo largo de este camino como Oscar Méndez (CEO de Stratio), Valentín Giró (coach en Axialent), Mario Alonso Puig (doctor y escritor), Dee

Hock (autor de "One from Many" [1]) y mi compañera de viaje Beatriz, entre muchas otras personas.

Los beneficios de la venta de este libro se destinarán íntegramente a apoyar dos instituciones cuya labor admiro: Cáritas y el Banco de Alimentos.

2. La red de aprendizaje

Sintetizar todos los aprendizajes de un proceso de transformación de 10 años no es tarea fácil. Cualquier iniciativa de transformación empresarial pasa inevitablemente por diferentes etapas y lo hace además de forma recursiva, ya que ninguna etapa termina nunca de cerrarse sino que siempre se acaba volviendo a ella. En BBVA, por ejemplo, el proceso de transformación digital se inició poniendo foco en las plataformas tecnológicas y, más de una década después, la transformación tecnológica sigue siendo un elemento fundamental de la transformación del banco. Lo que en un inicio buscaba transformar las plataformas para que pudieran operar de forma multicanal y en tiempo real, hoy se orienta al aprovechamiento de nuevas arquitecturas cloud basadas en microservicios y construidas desde los datos.

Dicho esto, para describir un proceso complejo siempre es útil utilizar un modelo que ayude a entender cuáles son los elementos clave del proceso y cómo se relacionan entre sí. Y ese es precisamente el objetivo del modelo de *la red de aprendizaje*.

El modelo se basa en varios elementos que requieren desarrollar distintas capacidades, pero en el centro de todo ello se encuentra un elemento fundamental: el aprendizaje. En un entorno tan cambiante y dinámico como en el que vivimos actualmente, ninguna capacidad resulta tan estratégica como la capacidad de aprendizaje continuo. Dicho de otro modo, el mayor riesgo al que se enfrenta hoy cualquier organización es el de quedarse anclada en conocimientos, modelos y procesos que, habiendo sido eficaces durante muchos años o incluso décadas, han dejado de serlo en el contexto actual. Hace unos años Chris Anderson le preguntaba a Elon Musk en una entrevista cuál era su mayor miedo, a lo cual Elon respondía: *"Mi mayor miedo es no ser capaz de aprender a la velocidad a la que el mundo está cambiando"*. Creo que esta frase resume bien esta idea central.

El aprendizaje no es algo que suceda de forma espontánea en una empresa, sino que está en gran medida condicionado por su organización y su cultura. Yéndonos a un ejemplo extremo, en una organización dictatorial en la que la toma de decisiones la concentra una única persona, la capacidad de aprendizaje de la organización se limita a la capacidad de aprendizaje de esa persona. Por contra, en una organización que trabaja en red y en la que la interacción entre distintas personas constituye la base de su modelo de toma de decisiones, la capacidad de aprendizaje es mucho mayor. En definitiva, el aprendizaje colectivo o en red constituye el elemento central del modelo que quiero plantear, de ahí el nombre de *la red de aprendizaje*.

Como defendía el recientemente fallecido Esko Kilpi [2], sociólogo finlandés dedicado al estudio de la visión relacional de la empresa: *"La futura arquitectura del trabajo no es la estructura de una corporación, sino la estructura de la red. La organización no es un sistema determinado o un proceso concreto, sino un proceso continuo de organizarse (...) Personas de toda la red pueden aportar parte de su tiempo, creatividad y conocimiento a los eventos que van sucediendo en función de sus intereses, disponibilidad y experiencia, trabajando en un entorno transparente. (...) El trabajo se describirá así como complejos patrones de interacción comunicativa entre individuos interdependientes"*. Desde esta visión, la columna vertebral de la organización es la red de personas, plataformas y algoritmos -dado que la tecnología y los datos son también nodos activos en esta red- que interactúan de forma dinámica alimentando un proceso de aprendizaje continuo. De este aprendizaje es de donde surge la capacidad de crear nuevos productos y servicios que ofrecer a los clientes, de acuerdo con el propósito de la compañía.

Elementos fundamentales

Más allá de esta capacidad central de aprendizaje continuo, podemos articular el desarrollo de cualquier organización en torno a cinco elementos fundamentales:

- **Propósito**. Es lo que define a la organización, el sentido último de su existencia. Inspira y orienta a todas las personas que forman parte de ella y define el impacto que quieren lograr a través de su trabajo y colaboración. Apunta al largo plazo y sirve de base para definir la estrategia y las prioridades de la empresa, alineando la actividad de toda la organización hacia un objetivo común.

- **Liderazgo**. El propósito anterior moviliza a un equipo de liderazgo que debe tener una visión compartida de la evolución de la industria y del futuro de la organización. Debe también compartir unos valores que son la base de confianza mutua sobre la que poder trabajar como un verdadero equipo. El liderazgo de las personas de este equipo -y del resto de la organización- empieza por liderarse a uno mismo, y desde esa base se orienta al servicio a los demás a través de la confianza en las personas, el empoderamiento de los equipos y la disponibilidad para ayudarles en lo que necesiten.

- **Conectividad.** El equipo de liderazgo inicial necesita movilizar a otras personas y recursos para lograr su propósito. En primer lugar, atrayendo a personas que conecten con el propósito y la visión de la organización para lograr vertebrar una red de talento -tanto interno como externo a la organización- que participe de ese proyecto compartido. Pero también apalancándose en productos, plataformas y algoritmos que puedan ampliar esa red, aumentando sus capacidades y contribuyendo a su aprendizaje.

- **Aprendizaje.** Como ya he apuntado, la capacidad más fundamental de una organización es su capacidad de aprendizaje continuo. El aprendizaje debe darse en todos los niveles de la organización, alimentado por la curiosidad y orientado a la adaptación a un entorno en constante cambio. La organización se convierte de este modo en una gran red de aprendizaje en la que el conocimiento surge de la experimentación continua en toda la red y se transmite a través de la interacción entre los nodos que forman parte de ella.

- **Impacto.** Los elementos anteriores -el equipo de liderazgo, su capacidad de crear una red de colaboración y la capacidad de aprendizaje de esta red- se orientan finalmente a tener impacto en el propósito de la organización. Este impacto podemos definirlo como "entrega de valor", no limitada a la entrega de valor al accionista sino abarcando a todos los stakeholders de la organización: empleados, clientes, accionistas, socios, proveedores y la sociedad en su conjunto. Esta entrega de valor debe ser medible y tiene que darse de forma continua e iterativa al ritmo del aprendizaje de la organización, buscando multiplicar su impacto para contribuir al propósito de la organización.

Estos cincos elementos son los pilares fundamentales para el desarrollo de cualquier organización, por lo que es necesario trabajar continuamente en todos y cada uno de ellos. También es necesario impulsar las sinergias entre ellos, ya que una mayor coherencia con el propósito de la organización contribuirá a elevar su nivel de liderazgo, un liderazgo más inspirador atraerá más talento a la organización, una red de mayor talento tendrá más capacidad de aprender y una mayor capacidad de aprendizaje permitirá tener más impacto sobre el propósito de la organización.

Acciones y capacidades

Cada uno de los cinco elementos que acabamos de ver está orientado a una *acción* que lo define:

— El propósito está orientado a **inspirar** a las personas a perseguir un objetivo compartido.

— El liderazgo se orienta a **servir** a las personas para ayudarles a crecer y desarrollarse en el desempeño de su actividad.

- La conectividad se orienta a **vertebrar** una red de personas, tecnología y datos que aumente la capacidad de aprendizaje y ejecución de la organización.

- El aprendizaje busca que la organización sepa **adaptarse** a un entorno cambiante y **desarrollarse** a través de la construcción de nuevas capacidades.

- Finalmente, el impacto se enfoca en **entregar valor** a todos los stakeholders de la organización a través de la consecución de su propósito.

Cada uno de estos cinco elementos conecta también con una *capacidad* que lo sustenta y que resulta imprescindible para llevar a cabo las acciones anteriores:

- El propósito se basa en la **integridad**, que actúa como garante de la coherencia de las acciones de la organización con su propósito y sin la cual es imposible inspirar a las personas a perseguir un objetivo compartido coherente con sus propósitos personales.

- El liderazgo se fundamenta en el nivel de **consciencia** de las personas que lideran, ya que sólo un liderazgo consciente es capaz de orientarse al servicio a los demás.

- La conectividad se apoya en la **empatía**, como capacidad necesaria para integrar distintas personas en la red y crear así una red de colaboración abierta, diversa e inclusiva.

- El aprendizaje nace de la **curiosidad**, como motor que impulsa la exploración de nuevos espacios y la experimentación continua para aprender de ellos.

- Por último, el impacto se basa en un **sistema** de procesos, tecnología y datos que facilita que las interacciones de la red resulten en la entrega de valor.

Estas capacidades quizás no son las más habituales en los programas de formación y desarrollo de las empresas, y por esto mismo es importante poner foco en cada una de ellas. La integridad es probablemente la más esencial y se debe trabajar fundamentalmente desde el ejemplo. La consciencia -entendida como la capacidad de conocerse mejor a uno mismo, ganar una visión más integral de la realidad y orientarse al servicio a los demás- es un concepto que todavía cuesta incorporar en las empresas y que por tanto hay que ir cultivando poco a poco. La empatía y la curiosidad son capacidades más reconocidas pero todavía poco promovidas en la práctica a través de iniciativas concretas. Por último, el sistema para tener impacto sí que suele ser objeto de foco en los programas de formación y desarrollo, pero habitualmente sigue anclado en modelos basados en la jerarquía y la especialización funcional en lugar de sistemas descentralizados que promueven la autonomía y la interacción. Por tanto, la oportunidad de invertir en desarrollar estas capacidades resulta evidente.

Figura 1. La red de aprendizaje

Activos clave

Todas estas capacidades se orientan a construir una red de aprendizaje continuo, que como ya hemos comentado es el elemento central del modelo. Siendo así, los activos clave del modelo no pueden ser otros que los nodos que conforman dicha red: las personas, la tecnología y los datos.

Las **personas** son el activo más importante de la organización dado que son el único activo capaz de darle su sentido de propósito. La tecnología y los datos jugarán un papel cada vez más relevante en las operaciones de la organización, pero su propósito y su liderazgo se basarán siempre en las personas. Cuando hablamos de personas en las organizaciones tenemos que entenderlas en un sentido integral, es decir, no sólo como empleados con un conjunto de capacidades o habilidades profesionales, sino abarcando la integridad de su naturaleza humana. Cualquier otro enfoque cae en el reduccionismo tanto de las personas como de la propia organización.

La **tecnología** se ha convertido en un activo fundamental de la organización dado que, como ya anticipó Marc Andreessen en 2011, *"software is eating the world"*[3]. No sólo los procesos clave de las organizaciones están siendo automatizados y transformados en software, sino que los propios activos físicos de las empresas están siendo digitalizados. Podemos encontrar numerosos ejemplos de esta transformación en la banca: desde como un proceso de venta en la oficina ha sido sustituido por una oferta personalizada en la aplicación móvil en tiempo real, hasta como las grandes inversiones en centros de procesamiento de datos están siendo reemplazadas por la contratación de servicios de nube pública. El software, por tanto, y todas las capacidades que giran alrededor de él (la arquitectura de sistemas, la ciberseguridad, devops, etc) se han convertido en activos clave para la organización.

Y de la mano de la tecnología, los **datos** han aparecido en los últimos años como el tercer gran activo en el que toda organización debe poner foco. Si el software se está comiendo el mundo, los datos están impulsando que ese software sea capaz de resolver problemas cada vez más complejos y de automatizar tareas cada vez más sofisticadas basándose en la experiencia pasada acumulada en datos. De esta forma, los datos han pasado de ser un activo poco estratégico, cuyo mantenimiento suponía un coste que había que reducir, a convertirse en un activo esencial que es necesario preservar, proteger, gobernar, garantizar su calidad y hacer accesible dentro de la organización.

La figura 1 ilustra cómo los elementos, capacidades, acciones y activos del modelo que acabamos de describir se relacionan entre sí. Por ejemplo, el propósito es un elemento fundamental del modelo que nace de la evidencia de los datos -la existencia de un problema a resolver- y del sentido de propósito de las personas, se basa en la integridad como capacidad fundamental y sirve para inspirar a otras personas a unirse a la organización. O la conectividad se basa en las personas y la tecnología como activos clave de la organización que, operando desde la empatía, son capaces de integrar nuevas personas para vertebrar una mayor red de aprendizaje. Como toda conceptualización, este modelo no pretende ser exhaustivo ni abarcar toda la complejidad que presenta una organización, pero sí que nos puede servir para poner foco en determinados elementos, capacidades y activos e identificar las relaciones entre ellos que conviene promover proactivamente.

El volante y el motor

Finalmente, utilizando el símil de un automóvil podemos visualizar este modelo como el volante y el motor de la organización. Por un lado, **el volante** del modelo son el propósito, el liderazgo y el impacto. El propósito es el mapa, la hoja de ruta que nos guía en la dirección adecuada para llegar al destino que nos hemos marcado como organización. El liderazgo son las manos al volante, responsables de conducir la organización de acuerdo con la hoja de ruta marcada, atentas al cuidado de sus pasajeros y a que el vehículo mantenga siempre la capacidad de seguir avanzando. Finalmente, el impacto es la respuesta del terreno que nos va indicando si circulamos por el camino adecuado, nos hace conscientes de los obstáculos que van surgiendo y nos permite valorar si avanzamos a la velocidad deseada o si, por contra, debemos buscar nuevas rutas hacia nuestro propósito.

Por otro lado, **el motor** de nuestro modelo son la conectividad y el aprendizaje. La conectividad es la potencia del motor que resulta de la red extendida de la organización. La atracción de nuevos nodos a la red (personas, plataformas y algoritmos) extiende el alcance de la organización e incrementa la capacidad de avanzar hacia su propósito. El aprendizaje, a su vez, es el combustible que alimenta el motor para que la organización no caiga en la obsolescencia y acabe parándose, sino que siga avanzando y evolucionando.

Preguntas de cierre

– ¿Es el aprendizaje continuo una capacidad clave de tu empresa? ¿Cómo estáis invirtiendo en impulsarlo transversalmente en toda la organización?

– ¿Es vuestra organización una red que promueve la interacción entre personas de distintos perfiles de forma dinámica?

– A nivel personal, ¿tienes un plan de aprendizaje continuo? ¿Cuánto tiempo le dedicas?

3. El propósito

El punto de partida de cualquier organización es su propósito. El propósito es lo que define a la organización y da sentido a su existencia. Todos los recursos y capacidades de la organización se integran para contribuir a alcanzar su propósito. Y todas las acciones de la organización buscan en última instancia tener impacto en su propósito.

El propósito atrae e inspira a las personas que forman parte de la organización y define el impacto que quieren generar a través de su trabajo y de su colaboración con el resto de la organización. Cada persona tiene un rol y responsabilidad distinta, pero todos los roles cobran sentido en cuanto que contribuyen al propósito de la organización. Esa contribución puede ser en algunos casos más directa (p.e. el gestor que resuelve las necesidades de un cliente) y en otros casos más indirecta (p.e. el economista que elabora la contabilidad de la empresa), pero en todos los casos resulta necesaria para el desarrollo sostenible de la organización. Como explica Salim Ismail en su libro "Exponential Organizations" [4], el propósito contribuye a que la energía de la organización se concentre en tener impacto en lugar de perderse en discusiones internas. Y tiene además la capacidad de atraer e inspirar no sólo a los empleados de la empresa sino al conjunto de sus stakeholders: usuarios, clientes, partners, proveedores…

El sentido de propósito es esencial para la felicidad humana: todas las personas buscamos conectar con propósitos transformacionales que generen un impacto positivo. Como sostiene Martin Seligman -pionero de la psicología positiva- la felicidad humana presenta tres niveles: la *vida placentera*, que conecta con nuestro entorno natural y nuestras necesidades corporales; la *buena vida*, que se logra descubriendo nuestras capacidades y empleándolas de forma creativa; y la *vida con sentido*, en la que alcanzamos un profundo sentido de realización al emplear nuestras capacidades para un propósito mayor que nosotros mismos. Es ahí precisamente donde el propósito de las organizaciones conecta con las personas.

El propósito apunta además al largo plazo y sirve de base para definir la estrategia y las prioridades de la empresa. Si la organización no tiene un propósito bien definido y compartido por las personas que la integran, será difícil que pueda diseñar una estrategia clara. Como decía Lewis Carroll: *"Si no sabes a dónde vas, cualquier camino te llevará hasta allí"*. En sentido contrario, el propósito constituye el tamiz por el que pasar los planes, proyectos e iniciativas de la organización para garantizar su coherencia con el impacto último que la organización quiere alcanzar.

El caso de BBVA

En el caso de BBVA, la redefinición y comunicación del propósito de la organización fue un proceso que duró alrededor de dos años. En mayo de 2015, Carlos Torres fue nombrado CEO del banco y con él un nuevo equipo de liderazgo. En los meses siguientes se identificó la necesidad de explicitar mejor el propósito de BBVA como organización, integrando la diversidad de países y áreas de negocio que convivían dentro del Grupo y buscando que esto sirviera para convocar a los 130.000 empleados del banco en torno a un objetivo común. El propósito debía ser lo que nos moviera a todos a acudir el lunes por la mañana al banco con ilusión y pasión por lo que hacíamos, además de garantizar la coherencia de todas nuestras acciones.

El punto de partida fue reconocer que el propósito de BBVA no podíamos definirlo unos pocos desde arriba. El resultado de este proceso sólo tendría sentido si involucrábamos a todas las personas de la organización que quisieran participar en él. También partíamos de reconocer que este no iba a ser un proceso fácil, ya que lo que buscábamos no era escribir un bonito eslogan en la memoria del banco sino verdaderamente definir la piedra angular de lo que éramos y buscábamos como organización. Ganarnos la credibilidad de que este era realmente el objetivo que perseguíamos era un reto en sí mismo, pero un reto que decidimos afrontar.

El primer paso que dimos fue crear una comunidad en la plataforma de Google+ del banco (la comunidad BBVA's Purpose) en la que todas las personas que quisieran participar pudieran expresar su visión sobre cuál debía ser el propósito del banco. Esta comunidad virtual llegó a superar los 30.000 participantes. En ella, personas de todas las áreas y geografías del Grupo aportaron sus ideas de forma abierta y transparente y participaron activamente en interesantes debates. En paralelo a recoger todas estas aportaciones, el equipo de liderazgo del banco dedicamos varias jornadas a debatir sobre el propósito, revisando las aportaciones recibidas, sintetizándolas en lo esencial y profundizando en las implicaciones de comprometernos con el propósito que estaba emergiendo. Si verdaderamente íbamos a apostar por explicitar y comunicar el propósito del banco, teníamos que asumir que todo lo que hiciéramos como organización debería poder ser contrastado con dicho propósito. Esto no sólo iba a suponer lanzar nuevos proyectos e iniciativas, sino también identificar qué cosas teníamos que dejar de hacer porque no eran del todo coherentes con este propósito. Este último punto era de alguna manera la "prueba del algodón" de esta iniciativa, y para ello se crearon equipos en todas las áreas dedicados a identificar actividades concretas que debíamos revisar o directamente dejar de hacer.

El propósito debía finalmente concretarse en una frase clara y sencilla para poder comunicarlo interna y externamente. Recoger en una frase todas las ideas y debates surgidos durante el proceso no era una tarea fácil, pero después de mucho debate, finalmente el propósito del banco se definió como **"Poner al alcance de todos las oportunidades de esta nueva era"**. Este propósito incidía en que la nueva era en la que vivimos abre todo un mundo de oportunidades gracias a las personas y la tecnología, y que el banco podía y quería contribuir a acercar esas oportunidades a las personas y a las empresas. En este sentido, el propósito tenía un alcance universal: crear oportunidades para todas las personas, tanto en países desarrollados como emergentes, promoviendo la inclusión financiera como base para su progreso. Desde esta visión, el punto de partida era ayudar a los clientes y no clientes del banco a gestionar mejor sus finanzas, entendiendo que de esta forma podrían acceder a mayores y mejores oportunidades en sus vidas y en sus negocios. La salud financiera de los clientes, y el asesoramiento financiero para ayudarles a mejorarla, se convirtieron de esta forma en el elemento central del propósito del banco.

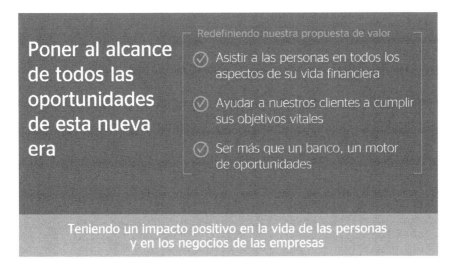

Figura 2. Definición del propósito de BBVA en 2016

Otros ejemplos

Otros ejemplos interesantes de compañías construidas desde su propósito son los siguientes:

– **Patagonia**, empresa dedicada a la venta de ropa outdoor, definió su propósito de la siguiente manera: *"At Patagonia, we appreciate that all life on earth is under threat of extinction. We're using the resources we have -our business, our investments,* *our voice and our imaginations- to do something about it"*. Este propósito se hace realidad a través de políticas como promover la compra de su material usado y reciclado o iniciativas como donar el 1% de sus ventas a grupos medioambientales. Con este propósito, Patagonia ha logrado convocar a una comunidad de empleados, clientes y partners que disfrutan de la actividad outdoor y al mismo tiempo tienen una clara conciencia medioambiental, diferenciándose claramente de su competencia.

– **BlaBlaCar** ofrece un servicio de vehículo compartido que hace posible que personas que quieren desplazarse al mismo lugar en el mismo momento puedan organizarse para viajar juntos. Su propósito se define como: *"Bringing Freedom, Fairness and Fraternity to the world of travel"*. La compañía se creó en 2006 con un sueño en mente: llenar los millones de asientos vacíos en la carretera para crear una forma eficiente, asequible y amigable de viajar. Gracias a su comunidad de más de 90 millones de usuarios en 22 países, la compañía ahorra 1.6 millones de toneladas de emisiones de CO_2 al año -ahorro equivalente a eliminar el tráfico en París durante todo un año- y genera además 120 millones de conexiones entre personas cada año.

De estos y otros ejemplos podemos concluir que el propósito de cualquier organización debe contar con los siguientes atributos:

• Ser aspiracional, para inspirar a las personas con su visión y objetivos

• De largo plazo, dado que requerirá un esfuerzo sostenido

durante muchos años

- Unitivo, para lograr integrar a diversos stakeholders en torno a un objetivo común

- Resiliente, para mantenerse vigente a lo largo del tiempo en un entorno cambiante

- Y al mismo tiempo adaptativo, para poder responder a nuevas necesidades del entorno

Una cultura basada en valores

En el caso de BBVA, una vez comunicado el propósito de la organización trabajamos también en actualizar los valores que debían representar la cultura del banco, partiendo del legado de 160 años de historia que habían llevado al banco a poner foco en los principios, las personas y la innovación. A través también de un proceso participativo, surgió inicialmente una lista de valores que parecía interminable. Recuerdo un country manager que en una sesión para trabajar sobre los valores comentó que, tras pensar seriamente sobre el tema, había llegado a un total de 20 valores para el banco. Así que de nuevo tuvimos que hacer un ejercicio de síntesis y nos pusimos como objetivo elegir tres valores, ya que pensábamos que un número mayor sería difícil de asimilar de verdad por una organización tan amplia y diversa. Dicho de otro modo: mejor contar con tres valores claros e identificables por todas las personas de la organización que tener cinco o seis valores distintos que luego muchas personas no fueran capaces de recordar en su día a día. Igualmente, para cada uno de estos tres valores seleccionamos también tres comportamientos que los definían, de manera que los valores se tradujeran en comportamientos concretos y reconocibles por todos. El resultado de este ejercicio fueron los valores de **el cliente es lo primero, pensamos en grande y somos un sólo equipo**.

El cliente **es lo primero**	Pensamos **en grande**	Somos un **solo equipo**
Somos empáticos	Somos ambiciosos	Estoy comprometido
Somos íntegros	Rompemos moldes	Confío en el otro
Solucionamos sus necesidades	Sorprendemos al cliente	Soy BBVA

Figura 3. Valores y comportamientos de BBVA

La elección de estos valores venía a poner al cliente y al equipo en el centro, por delante de cualquier otra consideración. Y a promover también una sana ambición basada en el inconformismo, apostando por la innovación para romper moldes e impulsar el aprendizaje continuo.

A partir de aquí empezó el trabajo de verdad. Durante los meses posteriores a la comunicación del propósito y los valores del banco, se llevó a cabo un importante trabajo para incorporarlos al lenguaje de la organización, hacerlos presentes en la toma de decisiones y, quizás lo más importante, integrarlos en los procesos de gestión de personas. De esta manera, de las diez capacidades que se evaluaban anualmente en todas las personas de la organización, tres de ellas pasaron a ser directamente los valores del banco. Del mismo modo, la manera en que cada persona vivía los valores y sus comportamientos pasó a tener un impacto relevante en la evaluación anual del desempeño y por tanto en la retribución variable, que ya no se centraba sólo en el "qué" sino también en el "cómo". Esto hizo que los valores pasaran también a ser parte importante de la conversación en las sesiones de feedback sobre el desempeño anual.

Otra iniciativa clave para el impulso de los valores en toda la organización ha sido el Values Day. Desde 2018 -año en que se celebró el primer Values Day en el Grupo BBVA- el banco ha venido dedicando todos los años una jornada completa a que todo el equipo pueda reflexionar conjuntamente sobre los valores de BBVA y trabajar en interiorizarlos. Esta jornada se realiza simultáneamente en todos los países del Grupo y cuenta con la participación de decenas de miles de empleados en distintos talleres y actividades que permiten recoger ideas y generar planes de acción a través de retos de co-creación.

Figura 4. Celebración del Values Day en la Ciudad BBVA en Madrid

En definitiva, como cierre de este capítulo podríamos decir que no hay nada más poderoso que un equipo que persigue un propósito común y comparte unos mismos valores. De hecho, el sentido de propósito colectivo es probablemente una herramienta mucho más eficaz que ningún plan estratégico. Y las compañías que no cuenten con un propósito que conecte de verdad con sus empleados y sus comunidades, tendrán difícil prosperar a largo plazo.

Preguntas de cierre

– ¿Cuenta tu organización con un propósito claro, genuino y compartido?

– Si es que sí, ¿actúa dicho propósito como guía de todas las actividades de la organización? ¿Está acompañado dicho propósito de valores y comportamientos concretos?

– Si es que no, ¿puede ser ahora un buen momento para lanzar una reflexión interna y participativa sobre el propósito y los valores de la organización?

4. Liderazgo

Uno de los principales objetivos del propósito es movilizar un equipo de liderazgo que se sienta verdaderamente inspirado y motivado por él. Cada una de las personas que conforman el equipo de liderazgo -ese equipo de 8-10 personas que lidera y orienta al resto de la organización- tiene que estar verdaderamente comprometida con el propósito. Mientras esto no sea así, el resto de elementos de la organización sufrirán esta carencia fundamental. Por tanto, lo primero al desarrollar una organización es conformar un equipo de liderazgo que esté unido y apasionado por un propósito común.

Visión compartida

Para que el equipo de liderazgo pueda ejercer su rol de servir de norte e inspiración al resto de la organización, debe tener una visión compartida. Esta visión compartida empieza por el propósito de la organización, pero debe incluir también una visión de hacia dónde va la industria en la que opera la empresa y qué espacio quiere ocupar ésta en los próximos 10 años.

La visión de largo plazo es fundamental. Como dice Jason Bates (co-fundador del neobanco Monzo), el equipo de liderazgo tiene que manejar *"dos horizontes de planificación simultáneos: seis meses y treinta años"*. Sin necesidad quizás de irnos hasta los 30 años, sí que es importante entender que los cambios estructurales en una industria (en sus modelos de negocio, modelos de relación con el cliente, operaciones…) se producen normalmente en periodos que van más allá de los 3-5 años que habitualmente se utilizan en los procesos de planificación estratégica. De hecho, podríamos decir que el plan estratégico a 3-5 años está obsoleto en el mundo en el que vivimos hoy, y que en su lugar deberíamos construir una visión de largo plazo (10 años), hacer un plan de corto plazo (3-6 meses) e ir adaptando este plan de forma iterativa.

Dentro de la visión de largo plazo, otro elemento importante a considerar lo ilustra esta cita que hizo famosa Bill Gates aunque en realidad es original de Roy Amara (investigador de Stanford): *"sobreestimamos el impacto de la tecnología a corto plazo y subestimamos el efecto a largo plazo"*. En la medida en que la tecnología es hoy un impulsor fundamental de la transformación de muchos sectores, construir una visión sobre la tecnología y su desarrollo en los próximos años se ha convertido en un factor estratégico. Ciertamente, cuando surge una nueva tecnología solemos caer en el hype del corto plazo, sobrevalorando su impacto en los primeros años de su desarrollo al olvidar que no basta con inventar una nueva tecnología, sino que ésta tiene además que evolucionar, madurar y escalar para tener impacto. Del mismo modo, una vez que las expectativas iniciales se han visto defraudadas, tendemos a perder el foco en la nueva tecnología mientras ésta sigue su curso de desarrollo, para acabar madurando y escalando años después. Es, por tanto, importante incluir en toda reflexión estratégica una visión prospectiva de la tecnología y su potencial impacto sobre el sector y la empresa en los próximos años, tanto a corto como a largo plazo.

Como ya he apuntado en el capítulo anterior, esta visión compartida tiene que abarcar no sólo el *qué* (el propósito y la estrategia de la compañía) sino también el *cómo* (los valores y los comportamientos que definen su cultura). Si ya es importante que el equipo de liderazgo tenga una visión compartida sobre la estrategia de la organización, aún lo es más que comparta los mismos valores. De hecho, una de las labores más importantes del equipo de liderazgo es precisamente esta: impulsar una cultura basada en valores a través del liderazgo desde el ejemplo. En sentido contrario, si los valores que transmiten las personas del equipo de liderazgo son diferentes o incoherentes entre sí, el mensaje a la organización es también claro.

Liderarse a uno mismo

El equipo de liderazgo está formado por personas, y el liderazgo es sobre todo un desarrollo personal. Como explica Dee Hock (fundador de Visa) en su libro "One From Many" [1], la tarea primera y más importante de cualquier líder es liderarse a uno mismo: *"La primera y principal responsabilidad de cualquier persona que pretenda gestionar es la de gestionarse a uno mismo: la propia integridad, carácter, ética, conocimiento, sabiduría, temperamento, palabras y actos. Es una tarea interminable, difícil y a menudo rehusada. Sin una gestión excepcional de uno mismo, nadie es apto para la autoridad, por mucha que adquiera."* Esta visión contrasta con la tendencia natural de enfocarse en liderar a los demás, ya que liderarse a uno mismo es una tarea mucho más ardua que liderar a otros. Pero sólo un liderazgo que nazca de conocerse a uno mismo y trabajar en el propio desarrollo personal puede verdaderamente aspirar a liderar a otras personas.

Conocerse a uno mismo es de hecho la piedra angular del liderazgo. El escritor John Gardner decía que *"conocerse a uno mismo es imprescindible para el liderazgo, ya que es la base de la confianza en uno mismo"*. Ciertamente conocerse a uno mismo para tener confianza en uno mismo es fundamental para construir un liderazgo genuino y asertivo. En este punto es importante no confundir la confianza en uno mismo con la vanidad o la soberbia: la confianza en uno mismo se basa en conocer las propias virtudes y defectos para de esta manera poder gestionarlos, mientras que la soberbia implica tener una imagen deformada de uno mismo que te incapacita para identificar tus áreas de mejora y trabajar sobre ellas. De hecho, los mejores líderes que he conocido a lo largo de los años han sido siempre personas con una atractiva combinación de humildad (para escuchar, aprender y reconocer sus errores) y confianza en sí mismos (para tomar decisiones valientes siendo siempre coherentes con sus valores).

El liderazgo personal conlleva un proceso de desarrollo. Presenta, por tanto, unas fases de desarrollo que podemos considerar universales. Cada fase integra y trasciende a la anterior del mismo modo en que Ken Wilber [5] describe el desarrollo de los niveles de consciencia en el ser humano. Tomando como referencia el modelo elaborado por Bob Anderson y Bill Adams [6] (Presidente y CEO de Leadership Circle, respectivamente), podemos describir el desarrollo del liderazgo en cinco fases:

- **Egocéntrica**. En esta fase la persona se identifica inicialmente con sus necesidades primarias, sin prestar atención a las necesidades de los demás. El crecimiento en esta fase consiste en crear relaciones personales, de forma que la lealtad personal deje de limitarse a uno mismo para extenderse también a otras personas. En esta fase se encuentran un pequeño porcentaje de líderes que tienden a ser dictatoriales y opresivos con los demás.

- **Reactiva**. Esta fase se define por la capacidad de atender las necesidades de los demás junto con las propias. Los líderes se preocupan por sus equipos y los gestionan de forma paternalista. Las personas de la organización son informadas pero no participan en la toma de decisiones. El modelo organizativo resultante se basa en la jerarquía y la burocracia y busca fundamentalmente la eficiencia.

- **Creativa**. En esta fase los líderes son capaces de trascender algunas de las asunciones con las que habían operado hasta el momento (la necesidad de la jerarquía, la primacía de la eficiencia…) para entender mejor la complejidad de la realidad y buscar una mayor autenticidad personal. El liderazgo es compartido y busca construir organizaciones ágiles, adaptativas y creativas que se basan en el trabajo en equipo y promueven el desarrollo de las personas. En esta fase emergen preguntas profundas sobre uno mismo y sus verdaderos objetivos en la vida, que llevan a un liderazgo más visionario orientado hacia un sentido de propósito personal.

- **Integral**. La visión del líder se expande en esta fase para hacerse más sistémica, abarcando no sólo su organización sino el conjunto del sistema del que forma parte. La organización se entiende como una red de stakeholders que colaboran activamente, red que a su vez se integra en un sistema mayor. La sostenibilidad y el bien común a largo plazo se convierten en valores primordiales. En esta fase nace el liderazgo orientado al servicio a los demás o *servant leadership*.

- **Unitiva**. Finalmente, en la fase unitiva se alcanza el mayor nivel de desarrollo de la consciencia personal sobre quiénes somos y la unidad de toda la realidad que subyace a su diversidad. Esta fase suele ir acompañada del desarrollo de prácticas de meditación que ayudan a trascender el ego y ganar perspectiva sobre uno mismo y sobre la realidad. Los líderes en este nivel actúan desde una visión global y con una vocación de servicio universal.

Para liderarnos a nosotros mismos todos nos encontramos inevitablemente con un enemigo en casa: nuestro ego. El ego es algo necesario para definir nuestra identidad personal, pero al mismo tiempo necesitamos gestionarlo y evitar que nos domine. Además de la supervivencia, las necesidades del ego son fundamentalmente dos: la necesidad de control de lo que nos acontece y la necesidad de reconocimiento de los demás. El afán de control de nuestro entorno y el afán de reconocimiento personal se erigen como obstáculos evidentes para progresar en nuestro desarrollo como líderes. Es por ello que nuestro trabajo de liderarnos a nosotros mismos avanzará más rápido en la medida en que seamos capaces de distanciarnos de nuestro ego y mitigar sus necesidades.

Liderar al servicio de los demás

Como acabamos de ver, el desarrollo del liderazgo personal nos lleva a entender el liderar a los demás desde el *servicio* en lugar de desde el *control*. Resulta muy significativo que la palabra que habitualmente utilizamos para identificar a los líderes de una organización sea la de *manager*, palabra que por su propia semántica implica que la labor del líder es la de gestionar a los demás. Ese gestionar a los demás se traduce en la práctica en decirles lo que tienen que hacer y supervisar que lo hacen, conduciendo en definitiva a un modelo de liderazgo de command and control. Hoy en día tenemos ya suficiente evidencia de que un liderazgo de command and control limita la capacidad creativa, de aprendizaje y de contribución de los equipos y conduce, por tanto, a la falta de compromiso y motivación de las personas.

Por contra, el *servant leader* no dice a los equipos las tareas concretas que tienen que hacer, sino que les transmite los objetivos de la organización y les inspira y ayuda a conseguirlos. En lugar de estar supervisando lo que hacen los equipos, les empodera para que actúen con autonomía y se pone a su servicio para ayudarles cuando se encuentran con dificultades. Y en lugar de controlar que cumplan unos objetivos prefijados, vela porque los equipos y las personas crezcan y se desarrollen, dándoles su apoyo como coach. De esta manera se logra que los equipos tengan una mejor comprensión de la estrategia de la organización, sean creativos en descubrir nuevas formas de contribuir a esa estrategia, puedan desarrollar esas ideas con agilidad y aprender en este proceso, estén motivados con el impacto de su trabajo y comprometidos con la organización.

Las diferencias entre ambos modelos de liderazgo son muchas y diversas, pero la causa subyacente por la que operamos bajo uno u otro modelo es sencilla: nuestra confianza en las personas del equipo. Si no confiamos en las personas del equipo, difícilmente podremos empoderarlas y ponernos a su servicio. En ocasiones la falta de confianza en el equipo puede venir motivada por no contar con las personas adecuadas, en cuyo caso es urgente que el líder se enfoque en rehacer el equipo, evitando retrasar las decisiones difíciles. Pero habitualmente la falta de confianza en el equipo tiene en realidad su origen en la falta de confianza en uno mismo, la cual puede generar todo tipo de comportamientos tóxicos: ocultarle información al equipo, quitarle visibilidad, duplicar las tareas entre personas, realizar más trabajo del necesario, no reconocer los errores… Es por ello que, como ya hemos comentado, la primera tarea de un líder es liderarse a uno mismo, antes de pensar en liderar a otras personas.

Finalmente, liderar equipos requiere no sólo inspirar, empoderar y servir a las personas del equipo, sino también crear un entorno que facilite y promueva su desarrollo. Un liderazgo personal que se sitúe, al menos, en la fase creativa es capaz de impulsar una auténtica cultura de innovación y colaboración. Tal como lo describe Michael Lurie [7] (socio de transformación organizativa en Mckinsey), desarrollar esta cultura requiere impulsar tres cambios de mentalidad:

- **De la certidumbre al descubrimiento**. Este movimiento implica evolucionar desde una mentalidad de querer controlar la situación, evitar siempre cometer errores, planificar todo en detalle y replicar el pasado, hacia una mentalidad de aprender continuamente, buscar la diversidad de pensamiento y promover la creatividad y la experimentación, asumiendo riesgos medidos.

- **De la autoridad a la colaboración.** Para crear una verdadera cultura de colaboración, es necesario evolucionar desde las relaciones basadas en la jerarquía (jefe-subordinado) que normalmente derivan en el *micromanagement*, hacia redes de equipos autónomos e interconectados que colaboran en un plano de confianza, libertad y responsabilidad y promueven un entorno de trabajo diverso e inclusivo.

- **De la escasez a la abundancia.** Quizás el mayor reto sea dar el salto desde una mentalidad de *escasez*, en la que los recursos y las oportunidades se consideran limitados y la dinámica es por tanto de competencia y tratar de hacer todo internamente, hacia una mentalidad de *abundancia*, que reconoce que la organización tiene a su alcance recursos ilimitados y un gran potencial de descubrir nuevas oportunidades.

El caso de BBVA

La transformación de BBVA a lo largo de los años ha conllevado también una evolución de su modelo de liderazgo. Partiendo del modelo tradicional del sector basado en la jerarquía, el impulso de la innovación, la transformación organizativa y el cambio cultural fueron dando forma a un nuevo liderazgo menos controlador, más abierto a experimentar y asumir riesgos, más centrado en las personas y capaz de "soltar lastre" prescindiendo de los despachos y otros símbolos de estatus directivo. Lógicamente en una organización tan grande como BBVA el grado de avance en este proceso ha sido heterogéneo entre distintas áreas y países, pero lo importante es que toda la organización se ha movido en la misma dirección.

Uno de los elementos que más ha impulsado este proceso ha sido el liderazgo desde el ejemplo. Como ejemplo ilustrativo, en 2015 el banco decidió eliminar los despachos de todos los directivos -incluido el comité de dirección- para promover una cultura más plana y transparente y una comunicación más fluida. Este no era un cambio sencillo, ya que para muchas personas su despacho era una conquista que habían logrado tras muchos años de duro trabajo, además de una forma de hacer visible su estatus directivo. Muchas personas encontraron todo tipo de argumentos para defender que su trabajo diario requería contar con la privacidad de un despacho y que, por tanto, no podían prescindir de él. Esta situación podía haber generado un largo debate durante meses si no fuera porque el entonces nuevo CEO del banco, Carlos Torres Vila, decidió que él mismo tampoco iba a tener despacho, momento a partir del cual se acabaron las discusiones. Si el CEO del banco no necesitaba despacho, resultaba muy difícil argumentar que tú sí que lo necesitabas.

Figura 5. Oficinas sin despachos en la torre de BBVA en Argentina

Sin embargo, hubo un proceso de transformación en el banco que de entrada no lideramos desde el ejemplo. Como veremos en el próximo capítulo en más detalle, en 2014 BBVA inició un proceso de transformación *agile* que empezó redefiniendo la forma de trabajar de unos pocos equipos en España y acabó transformando la organización y la forma de trabajar de todas las áreas centrales en todos los países del Grupo (unas 33.000 pax). Estando ya muy avanzados en este proceso de transformación, nos dimos cuenta de que, así como habíamos cambiado completamente la forma de trabajar de miles de personas, los que estábamos en el equipo de liderazgo seguíamos trabajando business-as-usual. Es decir, el gran esfuerzo que habían hecho los equipos para adaptarse a la nueva organización *agile* no lo habíamos liderado desde el ejemplo. Partiendo de esta reflexión, decidimos crear un programa de liderazgo que nos sirviera para debatir sobre el modelo de liderazgo que demandaba la nueva organización *agile* del banco e identificar los cambios que teníamos que llevar a cabo -individualmente y como equipo- para ser coherentes con esta transformación. Dicho programa se inspiró en el modelo de *servant leadership* y lo realizamos primero en el comité de dirección del Grupo para llevarlo después a los comités de dirección de los países y las áreas globales. Del programa nos llevamos cada uno las tareas que elegimos personalmente llevar a cabo para avanzar en nuestro camino hacia un liderazgo de servicio.

Características de un buen líder

Para cerrar este capítulo me gustaría compartir algunas características que a lo largo de los años me he encontrado habitualmente en las personas que destacaban por su liderazgo.

La primera de ellas es una combinación de visión estratégica y atención a los detalles, es decir, la capacidad de pensar estratégicamente a largo plazo sin perder el foco en los pequeños detalles que marcan la diferencia a corto plazo.

La segunda es combinar unos pocos principios muy sólidos con la flexibilidad mental para negociar de forma constructiva, es decir, saber hacer compatible una integridad inquebrantable con la capacidad de alcanzar acuerdos con otras personas o equipos.

Y, por último, una actitud constructiva y positiva que siempre mira hacia delante, ya que como decía Winston Churchill: *"la actitud es algo pequeño que marca una gran diferencia"*.

Preguntas de cierre

- ¿Cuenta tu equipo de liderazgo con una visión compartida?

- ¿Trabajas en liderarte a ti mismo? ¿Qué iniciativas estás llevando a cabo para hacerlo?

- ¿Es tu liderazgo un liderazgo de servicio a los demás basado en la confianza en el equipo?

5. Conectividad

Un equipo de liderazgo unido, basado en la confianza mutua y con una visión y propósito compartidos es el mejor punto de partida sobre el que construir una organización. A partir de ahí, el equipo de liderazgo deberá: (i) tener la capacidad de inspirar y atraer a otras personas para que se unan a su propósito; (ii) crear e integrar productos, plataformas y algoritmos que contribuyan a desarrollar su visión; y (iii) vertebrar todos estos recursos en una red interconectada de personas, tecnología y datos que interactúen de forma dinámica para lograr el propósito de la organización. Se trata por tanto de aprovechar ese primer equipo de liderazgo para atraer e integrar recursos a la organización y conectarlos de forma eficaz.

Atraer talento

El primer reto es inspirar a otras personas para atraer talento a la organización. Un elemento fundamental en esta tarea es el propósito, ya que las personas que se sientan identificadas con el propósito tendrán un interés natural en colaborar con la organización y formar parte de ella. Pero más allá del propósito, el propio equipo de liderazgo es también un activo clave a la hora de atraer talento. Las personas no buscan sólo tener impacto participando en proyectos que merezcan la pena, sino también poder trabajar con personas que les inspiren y les ayuden a crecer y desarrollarse. También formar parte de un equipo cuya cultura conecte con sus valores y forma de trabajar. Una buena ilustración de esto es el impacto que la pandemia del Covid-19 ha tenido sobre el trabajo remoto, que ha hecho que muchas personas ya sólo se planteen trabajar en empresas que les den flexibilidad total para hacerlo de forma remota.

Estos elementos de atracción del talento (el propósito de la empresa, su equipo de liderazgo, su cultura y forma de trabajar...) permiten dar el salto desde un equipo de 8-10 personas hasta una organización de cientos o miles de colaboradores. Como veremos más adelante, este crecimiento plantea un reto de diseño organizacional, ya que las estructuras y procesos que se definan para orquestar la colaboración entre los equipos tendrán un gran impacto en la cultura y la dinámica de trabajo de la compañía. Pero la oportunidad de atraer talento no sólo reside en incorporar personas a la organización, sino también en aprovechar el talento que hay fuera. Vivimos en un mundo de ecosistemas y plataformas abiertas que hacen que el perímetro de las organizaciones sea una línea cada vez más difusa, y que las oportunidades de contar con talento externo a la organización se multipliquen: desde aprovechar plataformas como Kaggle para que miles de científicos de datos trabajen en resolver un problema de tu compañía, hasta activar tu comunidad de clientes para que prescriban un nuevo producto en sus redes sociales.

Una vez ampliada la escala de la organización, el verdadero reto comienza: ya no sólo se trata de atraer talento, sino de darle oportunidades para que pueda aprender, crecer y desarrollarse. Cuidarlo, en definitiva, para que las personas estén cada vez más comprometidas con la organización. No se trata de "retener" el talento -las personas serán siempre libres de buscar nuevas oportunidades en otras organizaciones y será lógico, e incluso positivo, que esto suceda en cierta medida- sino de crear un entorno de aprendizaje, crecimiento y desarrollo que evite que las personas se frustren porque la organización no sea capaz de darles oportunidades.

Crear este entorno de aprendizaje y desarrollo es responsabilidad de toda la organización, empezando por el equipo de liderazgo que debe considerar esta tarea como una de sus principales responsabilidades. A nivel práctico, esto debería reflejarse en que la gestión de personas sea un elemento recurrente en la agenda de las reuniones del equipo de liderazgo. Pero más allá de esta responsabilidad compartida, la creación de un área de Personas y Cultura -lo que tradicionalmente llamábamos Recursos Humanos (RRHH)- resulta fundamental para impulsar iniciativas transversales en este ámbito.

Transformar la función de RRHH

Las antiguamente denominadas funciones de Recursos Humanos tenían habitualmente un enfoque administrativo y transaccional. Sin embargo, como consecuencia de la transformación digital en la que muchas compañías se han embarcado en los últimos años, esta función ha pasado a tener un rol mucho más estratégico como área clave para desarrollar el talento e impulsar el cambio organizativo y cultural. En el caso de BBVA, la transformación del banco se centró los primeros años en la construcción de nuevas plataformas tecnológicas, el desarrollo de canales y productos digitales, la transformación del modelo de negocio... Pero finalmente el mayor reto al que nos enfrentamos tuvo que ver con la gestión de personas, la transformación organizativa y el cambio cultural. Conforme avanzamos en nuestra transformación nos dimos cuenta de que para seguir impulsándola era necesario un cambio cultural ligado a nuevas formas de trabajar. Un cambio que buscaba que los equipos se sintieran verdaderamente dueños de lo que hacían, trabajando con autonomía y agilidad.

Para impulsar este cambio era necesario primero transformar la propia función de Recursos Humanos, que en el banco redefinimos como Talento y Cultura. Cuando en 2016 tuve la oportunidad de pasar a liderar esta función, viniendo del área de desarrollo de negocio me resultó enseguida evidente que las mismas capacidades que habíamos desarrollado en nuestro negocio para atender mejor a nuestros clientes (el diseño de la experiencia del cliente, el uso de los datos para personalizar nuestros servicios, el móvil como principal canal de interacción) teníamos también la oportunidad de desarrollarlas para atender mejor a nuestros empleados. Se trataba en definitiva de atender las necesidades de personas, y el que fueran clientes o empleados era algo secundario. Así que empezamos a incorporar en la función de Talento y Cultura nuevas capacidades como el diseño, para que todo lo que desarrolláramos lo hiciéramos partiendo del empleado como persona y de la experiencia que queríamos entregarle, o como la analítica avanzada, para poder personalizar los servicios y contenidos que ofrecíamos a nuestros colaboradores. También empezamos a migrar estos servicios y contenidos al móvil para facilitar la interacción de los empleados con el banco. Y aprovechamos además la ejecución de todos estos proyectos para incorporar la metodología de desarrollo *agile* (*scrum*) en la forma de trabajar de los equipos de Talento y Cultura.

Figura 6. Equipo de BBVA en Colombia trabajando en *scrum*

Crear oportunidades para las personas

Toda esta transformación implicaba evolucionar desde un modelo basado en *gestionar procesos recurrentes* hacia un nuevo modelo basado en *crear plataformas abiertas* al servicio de los empleados. Un buen ejemplo de ello es la plataforma Opportunity, que basándose en los datos de miles de movimientos de personas dentro de la organización durante los últimos años, permite a cualquier persona del banco explorar proactivamente cuáles pueden ser sus próximos pasos de desarrollo profesional. Opportunity no sólo se construyó como una plataforma basada en datos, sino que también se diseñó pensando en la experiencia del empleado para que éste pudiera explorar su desarrollo desde diferentes visiones: cuál puede ser mi siguiente rol de acuerdo con los movimientos más habituales en el banco, qué camino de desarrollo podría seguir para llegar a un determinado puesto objetivo, o incluso qué camino me podría llevar a un rol similar al que ocupa una persona concreta.

Plataformas como Opportunity buscan impulsar que el empleado sea el verdadero protagonista de su carrera profesional, su desarrollo y su aprendizaje continuo. El objetivo es pasar de un modelo en el que los empleados esperan recibir directrices de la organización para moverse o formarse, a un nuevo planteamiento que pone en manos de las personas los recursos y herramientas necesarios para que puedan diseñar su carrera y su formación de forma personalizada. Se trata de un modelo basado en plataformas abiertas en las que puedes explorar tus oportunidades de crecimiento y desarrollo profesional en diferentes áreas y geografías, así como acceder a una amplia oferta de contenidos de formación. Este cambio de paradigma supone una gran oportunidad para muchas personas, pero también un reto para otras a las que les puede costar asumir un rol más proactivo en su desarrollo. Por este motivo, el rol de los líderes de equipos y de los gestores de Talento y Cultura sigue siendo crítico para dar apoyo y orientar a las personas en este proceso de búsqueda y crecimiento personal.

Aprovechar la tecnología y los datos

En paralelo a atraer talento a la organización e impulsar su desarrollo, es también necesario aprovechar la tecnología y los datos para integrarlos en la estructura de la empresa. Esto requiere en primer lugar contar con talento tecnológico capaz de llevar a cabo esta función. Talento que no debe estar aislado en una función de ingeniería independiente de las demás, sino que debe estar integrado en todas las áreas de la organización para ayudarles a incorporar la tecnología y los datos en su gestión. En segundo lugar, es también fundamental construir una visión de la arquitectura y de la seguridad de la tecnología y los datos para el conjunto de la empresa, que sirva de mapa para ubicar cualquier nuevo desarrollo o integración tecnológica que se pueda plantear.

Contar con el mejor talento tecnológico -con creatividad para construir nuevas soluciones tecnológicas- conlleva cierto riesgo de caer en el síndrome del "not invented here", es decir, el riesgo de obviar la oportunidad de usar productos o plataformas externas para favorecer el desarrollo de nuevas soluciones internas. Este síndrome resulta especialmente peligroso en el mundo en el que vivimos hoy, ya que la oportunidad de aprovechar productos y plataformas tecnológicas ya existentes para ganar time-to-market o potencial de desarrollo futuro es muy relevante. En algunos casos, estar internamente en la punta de lanza de ámbitos tecnológicos dominados por unas pocas grandes empresas (como puedan ser el reconocimiento de imagen o el procesamiento de lenguaje natural en el campo de la inteligencia artificial) es sencillamente inalcanzable para la gran mayoría de las empresas.

Como plantea Kevin Kelly en su libro "The Inevitable" [8]: *"La propiedad ya no es tan importante como era antes. El acceso es más importante que nunca"*. La expansión de las redes de comunicación, el desarrollo de la nube pública y el crecimiento de plataformas que se han convertido en ecosistemas en sus ámbitos de actividad hace que cada vez más sistemas internos puedan ser reemplazados por servicios en la nube. Si fuéramos hoy a crear una nueva empresa, podríamos disponer de infraestructura de almacenamiento y procesamiento de datos usando los servicios de Amazon, de un CRM para la gestión de nuestros clientes usando los servicios de Salesforce, de un sistema de gestión del talento usando los servicios de Workday y hasta de un ordenador cuántico usando los servicios de IBM, entre otras muchas empresas que ofrecen estos y otros muchos servicios. Y todo ello sin necesidad de realizar ninguna inversión.

En sentido contrario, hoy tenemos también la oportunidad de abrir nuestras plataformas y productos a terceros. En el caso de BBVA, por ejemplo, su plataforma de *open banking* ha permitido que startups y empresas de distintos países puedan ofrecer a sus clientes servicios como la financiación en el punto de venta, la apertura de cuentas digitales o la emisión de tarjetas de fidelización haciendo uso de las APIs (interfaces de programación de aplicaciones) de BBVA. De esta forma, el banco ha logrado extender sus servicios más allá de los límites de su propia organización y base de clientes.

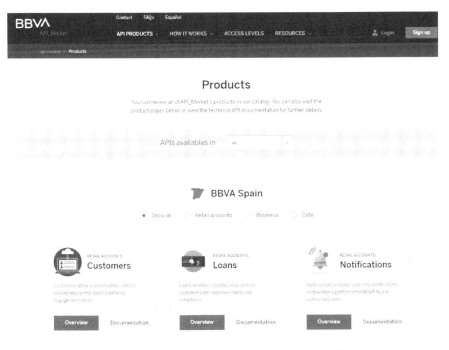

Figura 7. Portal de acceso a las APIs de BBVA

Dentro de este modelo, los datos son un activo que requiere una atención especial, ya que los datos se han convertido en el elemento fundamental del que se alimentan los procesos de negocio y muchos de los productos que entregamos a los clientes. Para poder ofrecer a un cliente un seguro de viaje al detectar que ha realizado una compra en el extranjero, o asesorarle sobre el precio de compra de una vivienda concreta en la que está interesado, es necesario contar con una arquitectura tecnológica basada en los datos. De hecho, la mejor manera de concebir hoy una arquitectura funcional es a partir de los flujos de datos de los procesos de negocio de la empresa. No obstante, para diseñar y construir una arquitectura de este tipo es necesario contar con una serie de capacidades en torno a los datos (captura de datos, gobierno de datos, modelización, visualización, etc) que son nuevas para muchas organizaciones.

Más allá de la gestión de los datos internos, y al igual que sucede con la tecnología, hoy tenemos también la oportunidad de aprovechar datos que están más allá de las fronteras de nuestra organización. La combinación de los datos internos con fuentes de datos externas tiene el potencial de ampliar nuestra capacidad de crear nuevos productos y servicios. Aprovechar correctamente esta oportunidad requiere priorizar la privacidad de los datos y el consentimiento de los clientes para su uso, aprovechando también herramientas como el *federated learning* que permiten entrenar modelos basados en datos sin necesidad de tener acceso a estos.

Hacia una nueva arquitectura organizacional

Todo este modelo nos lleva a construir una red de personas, plataformas y algoritmos que colaboran para lograr un propósito común. Esto nos plantea una cuestión que ha acompañado a la humanidad desde que dio el salto de una sociedad nómada a una sociedad agraria: el reto de la organización del trabajo. Este reto se acrecienta conforme crece el tamaño de la organización como consecuencia del número de Dunbar (propuesto por el antropólogo Robin Dunbar en 1992), según el cual el número de miembros de un grupo con los que una persona puede llegar a relacionarse se limita a alrededor de 150 personas. Según Dunbar, esta limitación viene determinada -tanto en el ser humano como en otras especies de primates- por el tamaño del neocórtex cerebral.

Sea cierta o no esta limitación, no hay duda de que el diseño y el funcionamiento de las organizaciones formadas por cientos o miles de personas es un reto que ha estado presente en todas las culturas y civilizaciones a lo largo de la historia de la humanidad. Como explica Frederic Laloux en su libro "Reinventing Organizations" [9], la humanidad ha recorrido un largo camino de desarrollo de nuevas y más avanzadas formas de organización a lo largo de la historia: desde las organizaciones *impulsivas* que aparecieron hace 10.000 años, caracterizadas por el poder del jefe de la tribu y la orientación al corto plazo, hasta las organizaciones *pluralistas* que han surgido en las últimas décadas, enfocadas en crear una cultura basada en valores y empoderar a todos sus miembros.

Dicho esto, todavía hoy nos enfrentamos al reto organizacional sin una solución clara para el contexto en el que vivimos actualmente. De hecho, la mayoría de las organizaciones humanas existentes en la actualidad se siguen basando en un modelo de jerarquía y especialización funcional que viene de la revolución industrial, y que habiendo sido eficaz durante décadas, ha dejado de serlo en el contexto de cambio continuo en el que vivimos hoy. Tratando de encontrar una solución a este problema, durante los últimos años han surgido nuevos modelos organizativos como la organización *agile*, la holocracia, la sociocracia, la organización *teal*... Estos nuevos modelos buscan crear estructuras más descentralizadas capaces de aprovechar mejor la inteligencia colectiva, pero se encuentran todavía hoy en una fase de experimentación y aprendizaje.

La transformación agile de BBVA

En el caso de BBVA, la apuesta fue la organización *agile*. La transformación organizativa del banco se inicia en 2014 a raíz de una reflexión interna sobre la lentitud de la organización ejecutando proyectos, sobre todo si nos comparábamos con los nuevos competidores que estaban apareciendo en la industria bancaria como las fintech. Tras realizar una serie de entrevistas a distintas personas de la organización, el diagnóstico era muy claro: en BBVA contábamos con muy buenos profesionales que cuando se unían para trabajar en un proyecto multidisciplinar, cada uno se preocupaba de ejecutar muy bien su ámbito funcional (p.e. una campaña de marketing, el desarrollo de software, el cumplimiento normativo, etc) pero nadie se preocupaba de verdad por el impacto del proyecto en su conjunto. Faltaba en definitiva una responsabilidad integral sobre el conjunto del proyecto. Esto era consecuencia de ser una organización basada en funciones que acababan convirtiéndose en silos, problema que tratábamos de paliar creando comités y mecanismos de transversalidad que al final acababan generando más burocracia.

Resultaba evidente, por tanto, que necesitábamos organizarnos de otra manera, así que empezamos a mirar experiencias de bancos en Australia, compañías tecnológicas, startups... que nos llevaron a descubrir *agile* y crear los primeros equipos de proyecto trabajando en *scrum*, marco de trabajo para el desarrollo ágil de proyectos. Por aquel entonces ya existían en el banco algunos equipos trabajando en *scrum* en el área de tecnología pero sin la participación del resto de áreas del banco, así que el primer cambio fue crear los primeros equipos *agile* verdaderamente multidisciplinares: 7-8 equipos en Madrid (unas 60-70 personas) trabajando bajo los siguientes principios:

— integrando todas las capacidades necesarias en el equipo

— con dedicación completa, en lugar de participar en reuniones puntuales

— ubicados en un mismo espacio físico para poder trabajar juntos

— y trabajando en *sprints* de dos semanas, de forma iterativa incremental

Todo ello con el objetivo de generar una verdadera dinámica de equipo que impulsara la autonomía y la capacidad de ejecución del equipo y su responsabilidad integral sobre el proyecto.

Crear estos primeros equipos *agile* no fue una tarea fácil, ya que tuvimos que romper muchos "corsés" que entonces existían en el banco. El primero de ellos fue que personas de distintas áreas estaban ubicadas en distintos edificios, así que tuvimos que habilitar un nuevo espacio en un edificio de Isla Chamartín para mover allí a los equipos y que pudieran así trabajar juntos. El segundo fue que los equipos estaban formados por personas con distintos niveles de jerarquía dentro de la organización, por lo que tuvimos que eliminar el estatus directivo y los símbolos de jerarquía que le acompañaban (despacho, beneficios, etc) para que las personas pudieran trabajar de verdad como un sólo equipo. También teníamos que luchar contra la idea extendida de que la importancia de una persona en la organización dependía del número de proyectos en los que participaba, de modo que tuvimos que asegurarnos de que las personas tuvieran dedicación completa a un único proyecto. Y por último, lograr que los equipos empezaran a trabajar en ciclos de entregables muy cortos (dos semanas), generando transparencia y compromiso y poniendo foco en la ejecución y los entregables.

Ante tantos cambios, la reacción inicial de los equipos fue de rechazo, sobre todo en aquellas personas más senior del equipo que pasaron a trabajar en un único proyecto. Tener que moverte a un equipo de Isla Chamartín era percibido de alguna manera como si te "enviaran a galeras". Sin embargo, en apenas un año la percepción se dio la vuelta y trabajar en estos equipos *agile* se convirtió en algo aspiracional, ya que estos equipos trabajaban en los proyectos más estratégicos del banco, tenían verdadera autonomía y capacidad de ejecución y empezaron a ver de forma directa e inmediata el impacto de su trabajo.

El profundo cambio en la forma de trabajar de los equipos dio enseguida buenos resultados: los equipos no sólo aumentaron su compromiso con el banco, sino que también mejoraron su time-to-market y la calidad de sus entregables. Ante estos resultados, empezamos a extender el modelo a cada vez más equipos en más países, lo cual nos llevó a la creación de lo que denominamos las "fábricas digitales": un conjunto de equipos que trabajaban en un portfolio priorizado de programas y proyectos en cada uno de los países del Grupo. Para que todos los equipos estuvieran alineados, resultó clave contar con un portfolio owner en cada fábrica digital que lideraba el portfolio de programas y proyectos, y una estrategia clara que permitía que todos los equipos supieran cuáles eran los objetivos estratégicos de la fábrica digital a la que pertenecían. Por ejemplo, en el caso de la fábrica digital de

España, los objetivos a los que apuntaban las 800 personas que la formaban en 2016 eran tres: impulsar la venta digital, poner el móvil en el centro de la relación con el cliente y transformar el modelo comercial a través del desarrollo de la gestión remota de los clientes. Estos tres objetivos se empaquetaron en un innovador concepto de comunicación interna y externa: *la revolución de las pequeñas cosas*, que ilustraba como todos los pequeños desarrollos que se iban introduciendo en los canales, los productos, los procesos de venta… se sumaban para acabar siendo una revolución.

La creación de las fábricas digitales supuso un importante proceso de aprendizaje en el escalado de la metodología *agile*, incorporando nuevos elementos como el gobierno de los programas, la gestión de las dependencias entre proyectos, las planificaciones trimestrales, la medición del impacto, etc. Como referencia para este proceso de escalado utilizamos el framework SAFe (Scaled Agile Framework) que incluye distintas ceremonias y artefactos que aunque inicialmente generaron cierto rechazo en algunos países, pronto los country managers se convirtieron en los mayores defensores de esta nueva forma de trabajar al comprobar el impacto directo en la mejora del time-to-market, la calidad de los productos y la productividad de los equipos.

De esta manera, en 2017 habíamos extendido el modelo *agile* a todos los equipos que estaban desarrollando soluciones para nuestros clientes, es decir, más de 4.000 personas en 8 países, logrando grandes resultados:

- Liderazgo en NPS (Net Promoter Score) en prácticamente todas las geografías

- Reconocimiento de Forrester como la mejor aplicación móvil de banca del mundo

- Crecimiento de las ventas digitales que pasaron de ser irrelevantes en 2014 a pesar un 36% en 2017 y un 64% en 2020 (en número de unidades vendidas)

- Mejora de la productividad de los equipos: como ejemplo, los equipos de canales en España pasaron de entregar 500 features en 2015 a entregar 2.700 features en 2019 (una feature es un pequeño servicio o funcionalidad que satisface la necesidad de un cliente entregando valor para el negocio)

Con todos estos avances, terminamos 2017 muy satisfechos con el escalado del modelo, los resultados obtenidos, el reconocimiento de otras empresas… Pero nos dimos cuenta entonces de que quizás estábamos cayendo en la autocomplacencia. Lo que habíamos logrado era extraordinario, pero en realidad habíamos cambiado la forma de trabajar de 4.000 personas dentro de una organización de más de 125.000 personas. Corríamos además el riesgo de estar creando dos bancos: el banco *agile* y el banco tradicional, generando una fricción continua entre ellos.

De esta reflexión surgió la pregunta de cómo podíamos escalar la cultura y la forma de trabajar *agile* al resto de equipos de las áreas centrales, de forma que pudiéramos abarcar no sólo el área de Desarrollo de Negocio sino todas las áreas centrales del banco (Finanzas, Riesgos, Ingeniería, Talento y Cultura, etc), y no sólo los equipos de proyectos sino también los equipos de operaciones, procesos, metodologías… Para abordar esta cuestión organizamos varios workshops del equipo de liderazgo en los que afloraron muchas dudas e inquietudes que era necesario gestionar, pero finalmente decidimos extender el modelo *agile* a todas las áreas centrales en todos los países (un colectivo de 33.000 personas) y hacerlo además en un plazo de 12 meses. En esta transformación no incluimos a las redes comerciales, dado que ya trabajaban en pequeños equipos autónomos en las oficinas de la red y por tanto no sufrían de la burocracia y la complejidad existente en las áreas centrales.

Iniciamos este proceso con un piloto en el área de Talento & Cultura para que los equipos que iban a impulsar este cambio en el resto de áreas lo vivieran primero en sus propias carnes. El piloto resultó ser un interesante proceso de aprendizaje en el que nos dimos cuenta de que necesitamos desarrollar nuevos elementos en nuestro modelo de gestión de personas para que la nueva organización pudiera funcionar. Tras este piloto, empezamos a extender el modelo al rcsto de áreas centrales en todas las geografías.

Los objetivos que perseguíamos con este cambio organizativo en cada área del banco eran:

- Pasar de una **estructura** jerárquica y funcional (es decir, áreas divididas en unidades y subunidades que acaban convirtiéndose en silos) a una estructura más plana y más líquida en la asignación de los recursos.

- Pasar de una **forma de trabajar** basada en el multitasking (personas que dedicaban pocas horas a muchos proyectos en paralelo) a tener equipos con foco, dedicación y verdadera responsabilidad sobre lo que hacían.

- Pasar de **procesos** partidos entre distintas unidades (con múltiples traspasos entre ellas) a equipos con responsabilidad end-to-end de los procesos.

- Y todo ello buscando crear una **organización** más transparente, más líquida y con un mayor alineamiento estratégico, de forma que los equipos se dedicaran más a las prioridades estratégicas del banco en lugar de ocupar su tiempo en tareas no prioritarias que se hacían por inercia o agendas personales.

Para lograr estos objetivos, transformamos la estructura organizativa de cada una de las áreas centrales reordenándolas en cuatro grandes bloques:

- **Equipos de proyectos** (20-30% de las personas del área), que forman un pool líquido de personas que se asignan trimestralmente a los proyectos que han sido priorizados y que los desarrollan siguiendo el marco *scrum*. Este pool permitió sincerar la capacidad real de ejecución de proyectos en cada área.

- **Equipos de procesos** (50-60% de las personas), que forman áreas de operaciones en las que se integran todos los procesos recurrentes de la función con visión end-to-end, un responsable único, siguiendo el marco *kanban*, definiendo sus KPIs, mapeando sus costes... para convertirlas en centros de excelencia operacional.

- **Disciplinas de conocimiento** (5-10% de las personas), que se encargan de gestionar el conocimiento y el talento en las distintas áreas de expertise relevantes para la organización y que se vertebran a través de comunidades de práctica globales.

- **Equipos de front con clientes** (5-10% de las personas), que gestionan la relación con clientes externos o internos.

Esta nueva organización busca de alguna manera darle la vuelta al organigrama tradicional para poner a los equipos -en lugar de al management- en el centro de la organización. De este modo, el equipo multidisciplinar, autónomo y empoderado se convierte en el elemento clave de la organización. Y para que este equipo sea verdaderamente eficaz es fundamental que sea un equipo diverso, ya que está demostrado que los equipos formados por personas con distintas formas de pensar, abordar problemas y tomar decisiones obtienen mejores resultados.

Toda esta transformación ha supuesto cambiar la estructura, los roles y la forma de trabajar de más de 33.000 personas, y ha conllevado también la necesidad de construir nuevas herramientas de gestión de personas imprescindibles en este nuevo modelo. Entre estas herramientas destacan:

- **Staffing**, para la asignación de personas a proyectos de forma dinámica y estratégica, revisando trimestralmente la priorización de los proyectos y la asignación de personas a los mismos. Como efecto colateral positivo, el staffing ha permitido identificar con qué líderes quieren trabajar las personas que forman parte del pool y a qué personas quieren tener en sus equipos.

- **People leaders**, para dar referencias estables dentro de la organización a las personas que pueden cambiar de proyecto cada varios trimestres. El rol del people leader es acompañar a una persona del pool en su crecimiento y desarrollo profesional dentro de la organización a través de sesiones de coaching, y aportar su visión de esta persona en algunos procesos de gestión del talento. Como efecto colateral positivo, al separar el rol del people leader del rol de líder de proyecto se ha hecho más transparente el tiempo dedicado a apoyar a las personas en su desarrollo.

- **Evaluación del desempeño,** adaptada a los nuevos equipos de proyectos y procesos y a su forma de trabajar en *scrum* y *kanban* respectivamente. Se basa en la evaluación de los resultados tanto del conjunto del equipo como de la persona individualmente desde una visión 360º, teniendo también en cuenta la valoración de la disciplina de conocimiento a la que la persona pertenece.

- **Comunidades de práctica**, que en cada disciplina de conocimiento aglutinan a las personas de la organización que comparten dicha área de expertise e impulsan su desarrollo como comunidad de aprendizaje compartiendo conocimiento, metodologías, herramientas, etc y facilitando el desarrollo del talento globalmente.

- **Coaches agile**, que son una figura clave para acompañar a los equipos en su proceso de cambio y ayudarles a incorporar nuevos valores y formas de trabajar. Dada la escasez de estos perfiles en el mercado y su relevancia para la organización, en BBVA decidimos crear una Agile Academy para formar estos perfiles internamente, gracias a la cual pudimos contar con 260 coaches internos desplegados en las distintas áreas y geografías del Grupo.

Todo este proceso de cambio nos llevó finalmente a entrar en el mayor nivel de profundidad de esta transformación: el cambio cultural y el cambio del modelo de liderazgo. Para impulsar el cambio cultural tuvimos que trabajar muy activamente en la comunicación, manteniendo sesiones abiertas para responder a las preguntas de los empleados, organizando dinámicas de retrospectiva con los equipos y desarrollando nuevos canales de comunicación bidireccional y transparente como Happyforce. También creamos la figura de los embajadores *agile* dentro de cada área -que actuaban como facilitadores del proceso de cambio-, creamos itinerarios específicos de formación sobre la cultura *agile* y sus marcos de trabajo, impulsamos el desarrollo de una cultura de feedback..., entre otras iniciativas.

Pero el mayor reto al que nos enfrentamos fue probablemente la evolución del modelo de liderazgo. Como ya hemos visto en el capítulo anterior, tras haber transformado la forma de trabajar de todos nuestros equipos nos dimos cuenta de que el equipo de liderazgo seguíamos gestionando nuestras áreas business-as-usual. Adicionalmente, revisando el feedback que nos llegaba de los equipos sobre el avance de la transformación en las distintas áreas, nos dimos cuenta que la mayoría de bloqueos y conflictos que sufrían los equipos tenían que ver con el estilo de liderazgo de algunos mandos intermedios. De toda esta reflexión surgió la necesidad de lanzar un nuevo programa de liderazgo enfocado en el *servant leadership*, programa que hicimos primero el equipo de liderazgo del Grupo y que llevamos después a los comités de dirección de todos los países y áreas globales. Una vez más, todo el esfuerzo de transformación *agile* que habíamos impulsado durante años sólo sería real si éramos capaces de liderarlo desde el ejemplo. Para lograrlo, las personas que ocupábamos posiciones de liderazgo teníamos que recorrer personalmente el camino de reconocer la necesidad de cambiar actitudes y comportamientos de nuestro estilo de gestión y ponernos a trabajar en ello con planes de acción concretos.

Un ejemplo ilustrativo del tipo de cambios que surgieron de este proceso tiene que ver con la gestión del tiempo en nuestra agenda personal. La realidad de muchas de las personas en posiciones de liderazgo era que nuestras agendas estaban completamente llenas de reuniones: comités, reuniones periódicas, sesiones de seguimiento, revisiones con los equipos… Más allá del problema que esto suponía en sí mismo, esta situación nos dejaba poco espacio para *estar al servicio de los equipos* dándoles tiempo de nuestras agendas para lo que pudieran necesitar. Partiendo de este diagnóstico, algunas personas decidimos cambiar la gestión de nuestra agenda vaciándola de muchas reuniones de seguimiento -que normalmente eran obligaciones de reporting para los equipos- para liberar espacio y ponerlo a disposición de las personas y los equipos de nuestra área. Curiosamente en un momento inicial a los equipos les costó empezar a pedir mantener reuniones con el responsable del área, pero poco a poco la dinámica empezó a funcionar. Y de esta forma, la idea de *estar al servicio de los equipos* se tradujo de forma práctica en entregarles algo muy preciado para todos nosotros: nuestro tiempo.

Preguntas de cierre

– ¿Es la función de RRHH un área estratégica en tu empresa? ¿Se ha transformado esta función en una plataforma para crear oportunidades para las personas?

– ¿Habéis abierto vuestras plataformas tecnológicas a terceros? ¿Estáis desarrollando nuevas capacidades para la gestión y el gobierno de los datos, considerándolos un activo estratégico?

– ¿Sigue vuestra organización basada en la jerarquía y la especialización funcional? ¿Habéis explorado nuevos modelos organizativos que promuevan la autonomía de los equipos (*agile*, *teal*, holocracia…)?

6. Aprendizaje

Una vez desarrollada la red de personas, tecnología y datos que vertebra la estructura de la organización, podemos afirmar que la capacidad más distintiva de esta red será su capacidad de aprendizaje continuo. Ese aprendizaje que nace de la curiosidad y que busca que la organización sepa continuamente adaptarse a un entorno cambiante y desarrollarse construyendo nuevas capacidades.

La capacidad de aprendizaje continuo y adaptación al cambio se ha convertido en la principal ventaja competitiva de las organizaciones en la era digital. Para cualquier organización, anticiparse a sus competidores en entender cuáles son los cambios que van a transformar su sector en los próximos años, aprender sobre las tendencias que impulsan estos cambios e incorporar las capacidades que se necesitan para afrontarlos, supone una enorme ventaja estratégica. De hecho, cualquier otra ventaja competitiva será siempre temporal y acabará siendo superada conforme la industria se vaya transformando. En el caso de la banca, por ejemplo, podemos ver cómo la capilaridad de la red de oficinas físicas ha sido durante mucho tiempo una ventaja competitiva fundamental que está siendo ahora superada por el desarrollo de nuevas capacidades digitales y de gestión de datos. Por contra, la capacidad de aprendizaje continuo se presenta como una ventaja competitiva verdaderamente sostenible a largo plazo.

Aprendizaje escalable

Siendo esta la realidad en la que vivimos, podemos entender la importancia de lo que Yuri van Geest (co-autor del libro "Exponential Organizations" [4]) denomina *aprendizaje escalable*. Hasta hace poco, el crecimiento de las empresas se basaba en gran medida en su *eficiencia escalable*, es decir, su capacidad de eficientar los procesos de la organización para de esta manera mejorar su competitividad y su rentabilidad. Sin embargo, conforme hemos entrado en un mundo de cambio continuo y acelerado, las organizaciones necesitan pasar de la *eficiencia escalable* al *aprendizaje escalable*. En un entorno en el que los modelos de negocio y los procesos que los soportan están en continua transformación, eficientar dichos procesos ya no es tan relevante como estar continuamente aprendiendo cómo transformarlos.

Desarrollar un modelo de *aprendizaje escalable* implica que el aprendizaje debe darse en todas las áreas y en todos los niveles de la organización. El aprendizaje continuo no puede ser responsabilidad de determinadas áreas, sino que debe ser una responsabilidad esencial de todas y cada una de las personas que forman parte de la organización. No basta con tener equipos dedicados a hacer investigación de producto o analizar nuevas tendencias tecnológicas, sino que todos los equipos en todas las funciones deben estar continuamente aprendiendo. A modo de ejemplo, un equipo de Talento y Cultura no puede dedicarse sólo a gestionar las plataformas que ofrece a los empleados, sino que tiene que estar continuamente analizando las tendencias del mercado laboral, escuchando las necesidades de las personas de la organización, experimentando con nuevas plataformas para crear oportunidades de desarrollo profesional, testando el uso de algoritmos para ofrecer experiencias más personalizadas, descubriendo el potencial de automatización de sus procesos, etc.

De igual modo, esta capacidad de aprendizaje continuo tiene que incorporarse también a las plataformas, productos y algoritmos que forman parte de la red de la organización. De esta manera, las plataformas y productos tienen que estar continuamente monitorizando los datos sobre su uso (número de usuarios, tiempo de uso, recurrencia, patrones de navegación, feedback…) para con esta información evolucionar su diseño de forma iterativa. Igualmente, los algoritmos deben estar continuamente capturando nuevos datos que permitan optimizar sus redes neuronales y mejorar así sus resultados, contribuyendo a que los procesos que operan sean cada vez más "inteligentes".

Para lograr todo lo anterior, es necesario que la organización -empezando por su equipo de liderazgo- entienda el aprendizaje como una inversión en lugar de como un gasto. Esto supone contar con un presupuesto de inversión para impulsar el aprendizaje continuo e incentivar a todas las personas de la organización a que inviertan parte de su tiempo en experiencias de aprendizaje.

El caso de BBVA

BBVA ha desarrollado y testado diferentes modelos para impulsar el aprendizaje continuo a lo largo de los años.

Un buen ejemplo es **BBVA Campus Wallet**, una plataforma de cursos y talleres presenciales y online que busca impulsar la formación continua utilizando tokens como incentivo. El funcionamiento de esta plataforma parte de asignar a cada persona una cantidad inicial de tokens que puede invertir en realizar los cursos que ella elija. Adicionalmente, cada persona puede obtener nuevos tokens realizando formación que el banco quiere promover o dando sesiones sobre su área de especialidad a otras personas de la organización. De esta manera, cada persona puede ejercer de instructor y recibir tokens en función del número de personas asistentes a su sesión, ganando un token por cada hora de formación y asistente. Este proceso se gestiona de forma automatizada a través de códigos QR que son escaneados por las personas que asisten a la sesión. Los tokens acumulados se pueden usar después para acceder a cursos y talleres de mayor valor, incluyendo programas presenciales que antes estaban restringidos a un número limitado de personas seleccionadas desde el área de Talento y Cultura. Este modelo ha permitido que, gracias al uso de los tokens, los empleados perciban mejor el valor de la formación y tengan una mayor libertad para elegir las capacidades que quieren desarrollar.

Otro ejemplo interesante es la **comunidad de aprendizaje Ninja**. Este programa nace en 2016 en el área de Ingeniería del banco con el doble objetivo de promover la formación tecnológica de las personas del área e impulsar el cambio cultural de la organización, utilizando para ello herramientas de gamificación. Por un lado, el programa permite adquirir conocimientos y habilidades tecnológicas a través de plataformas de contenido formativo como EdX y Coursera y acceder a cursos y titulaciones reconocidos en el mercado. BBVA ha alcanzado también acuerdos con empresas tecnológicas como Google, Amazon o Red Hat para que los ninjas puedan participar en charlas, talleres y hackathons donde conocer los últimos avances y lanzamientos tecnológicos, contribuyendo a la actualización continua de sus conocimientos. Por otro lado, el programa fomenta una cultura de aprendizaje y autodesarrollo continuo a través de técnicas de gamificación que promueven que los usuarios sean proactivos buscando nuevas áreas de interés y formándose en nuevas disciplinas. El programa fomenta además la visibilidad del talento interno del banco, valorando especialmente que los empleados compartan sus conocimientos y experiencia con otras personas a través de impartir charlas o talleres y publicar artículos.

Figura 8. Hitos alcanzados por Ninja en sus primeros 5 años

Ninja se basa en técnicas de gamificación en las que cada persona que inicia el "camino Ninja" elige su propio entrenamiento a través de las distintas actividades disponibles, como participar en charlas, talleres y hackathons, completar cursos online u obtener certificados. A medida que realizan estas actividades, los empleados reciben puntos Ninja en distintas habilidades, puntos que les permiten ir subiendo niveles representados por cinturones de distintos colores: desde el blanco, donde comienzan todos los ninjas, hasta el negro donde sólo llegan unos pocos y que representa "la maestría digital" completa. Ninja ha sido un gran éxito dentro del área de Ingeniería del banco, llegando a contar con la participación de casi 9.000 personas de siete países que en el periodo 2016-2020 han realizado más de un millón de horas de formación y han participado en más de 1.000 charlas, 740 talleres y 24 hackathons. A raíz de este éxito, Ninja se ha ido extendiendo al resto de áreas del banco para facilitar que cualquier persona de cualquier área pueda adquirir conocimientos y capacidades tecnológicas en ámbitos como la programación, la ciberseguridad o la inteligencia artificial.

Adicionalmente, la experiencia de Ninja ha servido de base para lanzar **The Camp**, una iniciativa de aprendizaje en comunidad orientada a impulsar el *reskilling* y *upskilling* de los empleados en todo el Grupo BBVA. Para ello, el banco ha identificado 14 capacidades estratégicas (*agile*, economía conductual, ventas digitales, salud financiera, sostenibilidad, etc) para las que se plantean diferentes itinerarios formativos en los que el empleado es el protagonista de su desarrollo. Todo ello dentro de un entorno digital y gamificado a través de una narrativa de montaña y aventura.

Más allá de estas plataformas, el banco ha lanzado también iniciativas específicas para impulsar el desarrollo de nuevas capacidades dentro de la organización. Un ejemplo es la disciplina de **Design Thinking**, capacidad que se identificó como estratégica para el desarrollo de nuevos productos y experiencias digitales y que el banco necesitaba construir prácticamente de cero. Para lograrlo se trabajó tanto en la incorporación de talento externo -a través por ejemplo de la adquisición de la compañía de diseño Spring Studio en San Francisco que contaba con un equipo de 40 diseñadores- como en el desarrollo de talento interno a través de programas como Design Ambassadors. Este programa nació con el objetivo de crear perfiles híbridos capaces de aplicar los principios de design thinking en las distintas áreas del banco, y por él pasaron más de 1.000 personas que introdujeron nuevas metodologías y formas de trabajar en sus respectivos equipos.

Otro ejemplo interesante es el de los **Agile Coaches**. Para extender el modelo *agile* en las áreas centrales de todos los países del Grupo (33.000 personas) era necesario escalar la capacidad de agile coaches encargados de acompañar a los equipos en este proceso. Siendo el de agile coach un perfil muy escaso en el mercado, BBVA decidió crear su propia Agile Academy para formar internamente a aquellas personas del banco que quisieran desempeñar este nuevo rol. Gracias a esta iniciativa, 260 personas procedentes de distintas áreas y geografías del banco participaron en un programa para convertirse en agile coaches. El programa consistía en una formación presencial de cuatro semanas, seguida de un acompañamiento durante varios meses para continuar aprendiendo sobre este nuevo rol conforme los coaches empezaban a desempeñarlo en las distintas áreas del banco.

Figura 9. Experiencia de aprendizaje de The Camp

Este tipo de programas representan una gran oportunidad para cualquier persona que tenga la inquietud de aprender. Precisamente por ello, el principal reto de la organización es contar con personas que tengan siempre la inquietud de aprender e invertir tiempo en adquirir nuevas capacidades. Los ciclos de obsolescencia profesional son cada vez más cortos, así que todos vamos a tener la necesidad de estar continuamente adquiriendo nuevas capacidades a lo largo de nuestra carrera profesional. Los modelos de negocio, las herramientas y los procesos con los que operamos hoy serán probablemente distintos dentro de unos pocos años, por lo que todos necesitamos estar continuamente aprendiendo. Desde esta perspectiva, la curiosidad y la capacidad de aprendizaje son capacidades estratégicas que deberían estar muy presentes en los criterios de selección de talento de la organización.

Learning by doing

Más allá del impacto que puedan tener programas de aprendizaje como los que acabamos de ver, la mejor forma de aprender es *learning by doing*, es decir, desarrollar nuevas capacidades aplicándolas en un entorno de trabajo real en equipo.

Para que las personas puedan *aprender haciendo* cosas nuevas, hay en primer lugar que impulsar la movilidad interna dentro de la organización. Incorporarte a un nuevo equipo en una nueva área para desempeñar un nuevo rol es una gran experiencia de aprendizaje. Esta movilidad puede ser estructural (cuando una persona deja su puesto en un área para incorporarse a otra) o coyuntural (cuando una persona tiene la oportunidad de participar en un proyecto durante varios meses), pero en ambos casos requiere una organización líquida que sea capaz de superar los silos funcionales. La organización *agile* favorece este tipo de movilidad al aplanar la organización y crear pools de personas que trabajan por proyectos, pero más allá del diseño organizativo, la movilidad interna depende en gran medida de la mentalidad de los líderes de la organización. Sólo desde una mentalidad que entienda que lo mejor para las personas es lo mejor para la organización, que las personas no son "propiedad" de nadie sino seres humanos en desarrollo, y que nadie es imprescindible en su función, puede emerger una verdadera cultura de movilidad interna.

Otra manera de impulsar que las personas aprendan haciendo cosas nuevas es asignando un tiempo fijo (por ejemplo, un 20% del tiempo como hace Google) a que las personas puedan trabajar en proyectos que tengan interés en desarrollar. Esta iniciativa no sólo contribuye a que las personas puedan dedicar un tiempo fijo a crear cosas nuevas y aprender haciéndolo, sino que además puede ser una fuente de innovación para la compañía. En el caso de Google, de su iniciativa del 20% han surgido algunos productos clave de la compañía como Gmail, AdSense o Google News.

En la misma línea, el lanzamiento de *ventures* internas representa también una oportunidad única para crear equipos que puedan desarrollar nuevas capacidades creando y lanzando nuevos productos o servicios. En el caso de BBVA, aunque el éxito de las *ventures* internas ha sido limitado desde el punto de vista de negocio, estas iniciativas han contribuido al aprendizaje acelerado de muchas personas de la organización que luego han podido aplicar las capacidades que han adquirido en distintas áreas del banco.

Productos y algoritmos que también aprenden

Como ya hemos apuntado, la capacidad de aprendizaje continuo tiene que incorporarse también a los productos y algoritmos que forman parte de la red de la organización.

Hablar del "aprendizaje" de un producto quiere decir que en lugar de que ese producto se construya en base a unas especificaciones de diseño definidas a priori, su diseño surja de la experimentación continua y el feedback del cliente. Uno de los pilares de la metodología *scrum* es precisamente el concepto de time-boxing: en lugar de definir unas especificaciones completas de diseño de un producto y valorar el tiempo necesario para desarrollarlas (que fácilmente pueden ser periodos de entre 1 y 2 años), se acota el tiempo de desarrollo a un periodo muy corto (2-3 semanas) para que el equipo defina qué funcionalidad puede construir en ese plazo. Lógicamente lo que se puede entregar en un periodo de tiempo tan corto será un pequeño incremento de funcionalidad, pero el valor del modelo radica en poder testar ese incremento con el cliente final para recibir su feedback. De este modo, el diseño del producto se convierte en un ciclo iterativo de "testar, aprender e iterar" que se repite cada 2-3 semanas, de manera que el producto final es el resultado del feedback continuo del cliente.

Lo mismo sucede con los algoritmos basados en datos. Las redes neuronales profundas -que son el paradigma actual de la inteligencia artificial- basan su eficacia en su capacidad de procesar grandes cantidades de datos para a partir de ellos inferir soluciones a nuevos casos del mismo problema. Podríamos decir, por tanto, que los modelos "aprenden" de los datos, y que en la medida en que dispongamos de mayor cantidad y calidad de datos, mayor será la eficacia del modelo. Por este motivo, todo el trabajo dedicado a mejorar la calidad de los datos que se utilizan para entrenar un modelo es fundamental para su proceso de aprendizaje. También contribuye al aprendizaje de un modelo el acceso a nuevas fuentes de datos que puedan servir para mejorar su capacidad de inferencia.

La red de aprendizaje

Integrando todas las ideas anteriores, podemos ver que la red de personas, productos y algoritmos que vertebra la organización es una *red de aprendizaje*. Pero ese aprendizaje no sólo sucede a través de los mecanismos mencionados (comunidades de aprendizaje como Ninja, oportunidades de creación como las *ventures* internas, productos cuyo diseño se basa en el feedback del cliente...), sino también a través de las interacciones que se producen entre los distintos nodos de la red.

Cada interacción es una oportunidad de aprendizaje. Cuanto mayor es el número de interacciones eficaces, mayor es el valor de cada interacción ya que mayor es el número de nodos que se benefician de ella. De este modo, la red genera un proceso dinámico de aprendizaje y adaptación que se transmite a través de toda la topología de la red. Las personas aprenden co-creando, pero también aprenden del desarrollo de los productos. Los productos aprenden del feedback de los clientes, pero también de la personalización de los algoritmos. Los algoritmos aprenden de los datos, pero también evolucionan con el desarrollo de los programadores. Los programadores aprenden unos de otros a través de sus comunidades de práctica, pero también co-crean con los diseñadores...

En definitiva, la creación basada en el aprendizaje que surge de la interacción sólo puede darse en una organización en red, en la que la información fluya sin restricciones y las conexiones entre nodos surjan y se desarrollen de forma continua y dinámica.

Preguntas de cierre

— ¿Es el aprendizaje continuo una prioridad estratégica de tu organización? ¿Qué presupuesto y recursos se dedican a impulsarlo?

— Más allá de los programas tradicionales de formación, ¿habéis creado comunidades de aprendizaje? ¿Participas activamente en alguna de ellas?

— ¿Existe movilidad y flexibilidad en tu organización para que las personas puedan asumir nuevos retos y aprender de ellos?

— ¿Entiende tu organización el diseño de producto como un proceso de aprendizaje con el cliente? ¿Trabajan los equipos de producto de forma iterativa incremental?

7. Impacto

Todos los elementos que hemos visto en los capítulos anteriores -el equipo de liderazgo, la creación de una red de colaboración, la capacidad de aprendizaje de esta red...- se orientan finalmente a tener impacto en el propósito de la organización. Este impacto podemos definirlo como *entrega de valor*, no limitada a la entrega de valor al accionista sino abarcando a todos los stakeholders de la organización: empleados, clientes, accionistas, socios, proveedores y sociedad en su conjunto.

Desde esta visión, tener impacto requiere un sistema de procesos, tecnología y datos que facilite que las interacciones de la red resulten en la entrega de valor. Esta entrega de valor debe ser medible y tiene que darse de forma continua al ritmo del aprendizaje de la organización. Para ello, el punto de partida debe ser la creación de un portfolio de desarrollo que partiendo del propósito lo decline en objetivos estratégicos, programas y proyectos (o productos, como veremos más adelante) que permitan alinear estrategia y ejecución. La ejecución de dicho portfolio de desarrollo debe ir acompañada de operaciones y procesos comerciales que son igualmente relevantes para la entrega de valor, pero en los que no profundizaremos en este capítulo.

Creación y gestión del portfolio

La creación del portfolio puede entenderse como una arquitectura cuya piedra angular es el propósito. Partiendo del propósito, esta arquitectura se desarrolla a través de los objetivos estratégicos que articulan la forma de tener impacto sobre el mismo. Se trata de objetivos de alto nivel, estables en el tiempo, que sirven para alinear a toda la organización en torno a unas pocas prioridades, idealmente entre 3 y 6. Estos objetivos plantean, desde una visión aspiracional, cómo tener impacto sobre el propósito de la organización en el horizonte de los próximos 2-3 años, de forma que se puedan concretar en metas que sirvan de norte para los desarrollos a llevar a cabo en los siguientes trimestres.

Cada objetivo se declina a su vez en programas que deben servir para avanzar en su consecución a través del desarrollo de un conjunto de proyectos relacionados entre sí y orientados a resolver necesidades del cliente entregando valor al negocio. Estos proyectos son desarrollos basados en hipótesis que queremos contrastar y que deben tener una *medida de éxito* clara para poder evaluar su validez. A modo de ejemplo, un objetivo estratégico puede ser duplicar la base de clientes de la empresa en los próximos tres años; para lo cual, uno de los programas a desarrollar puede ser crear alianzas con plataformas de e-commerce con grandes bases de clientes recurrentes; para lo que puede tener sentido hacer un proyecto piloto con una primera plataforma que sirva para validar la hipótesis de captación de nuevos clientes al mes. En este sentido, definir ex-ante y de forma clara y concreta la *medida de éxito* es fundamental para poder contrastar el avance del proyecto frente a las expectativas inicialmente puestas en él.

Los proyectos no deben entenderse como desarrollos con un inicio y un fin predeterminados, sino más bien como un backlog de desarrollo en continua evolución y sometido a un proceso iterativo de repriorización. En función de los resultados obtenidos de las funcionalidades que se han ido entregando, la naturaleza del backlog pendiente de ejecución y su priorización frente al backlog de otros proyectos, se determinará la continuidad del proyecto y los recursos dedicados al mismo a lo largo del tiempo.

Esta arquitectura de proyectos debe servir también para identificar y eliminar duplicidades que puedan existir en la organización, como equipos de distintas áreas o geografías trabajando en paralelo en desarrollos similares. De hecho, contar con un portfolio único de proyectos que integre los desarrollos de todas las áreas de la organización es un ejercicio laborioso -particularmente en grandes organizaciones que trabajan en cientos o miles de proyectos a la vez- pero precisamente por ello un ejercicio muy valioso para identificar solapes, duplicidades o desalineamientos que previamente estaban ocultos en la complejidad organizativa.

Una vez creado el portfolio único que integra todos los proyectos de la organización, la responsabilidad de la gestión del mismo recae en primer lugar sobre el equipo de liderazgo. Una de las grandes ventajas de contar con un portfolio único es la capacidad de abarcarlo en su conjunto, es decir, de poder "ver el bosque sin perdernos entre los árboles". Y ahí es precisamente donde tiene su rol el equipo de liderazgo: gobernar el portfolio desde una visión integral y estratégica del mismo, que valore el progreso en su ejecución y oriente la dedicación de recursos a los distintos programas del portfolio. Con este objetivo, el equipo de liderazgo debe ser capaz de tomar decisiones sobre los objetivos estratégicos, la inversión dedicada a cada uno de ellos, la necesidad de impulsar determinados programas, la arquitectura del portfolio en su conjunto, etc. En esta tarea, el equipo de liderazgo deberá buscar un equilibrio entre proyectos estratégicos y tácticos, entre proyectos urgentes y no urgentes, entre distintas unidades de negocio, geografías, segmentos... Para ello es necesario trabajar en la categorización del portfolio desde diferentes perspectivas: construcción de capacidades estratégicas, impacto en el cliente final, horizontes de corto, medio y largo plazo, etc. Este trabajo requerirá que el equipo de liderazgo dedique trimestralmente tiempo de calidad a analizar y debatir todos estos aspectos a través de sesiones basadas en datos sobre la caracterización del portfolio, el progreso en su ejecución y su impacto. Estas sesiones se enfocarán en tomar decisiones de gobierno que orienten a los equipos en la gestión del portfolio.

Medición y priorización del portfolio

Una de las principales actividades de la gestión del portfolio es su priorización. La base de toda priorización es la medición, ya que si no somos capaces de medir el impacto de los proyectos difícilmente seremos capaces de priorizarlos. La medición de un proyecto debe incluir una variedad de indicadores que valoren las entregas del equipo, la calidad de los entregables, la velocidad de ejecución, el time-to-market... Pero en última instancia, lo verdaderamente relevante es la *medida de éxito*: evaluar si los desarrollos realizados han servido para confirmar las hipótesis sobre las que se planteó inicialmente el proyecto. Volviendo al ejemplo anterior, para valorar el programa de alianzas con plataformas de e-commerce podemos medir el número de acuerdos alcanzados con estas plataformas, la integración de nuestros sistemas en dichas plataformas, el número de defectos de los desarrollos realizados, la productividad de los equipos... pero lo relevante en última instancia será evaluar si todo esto ha servido para incrementar la adquisición de clientes al ritmo que habíamos proyectado.

La medición es un sistema que debe operar *de abajo arriba* y *de arriba abajo*, de forma circular iterativa, usando datos para recoger el estado de los indicadores y tecnología para integrarlos, disponibilizarlos y visualizarlos. *De abajo a arriba* quiere decir que cada proyecto tiene que tener sus propios indicadores de progreso e impacto, que deben integrarse en los indicadores del programa al que pertenece el proyecto, que a su vez deben integrarse en los indicadores del objetivo estratégico al que apunta el programa. *De arriba a abajo* quiere decir que en base a la información recogida desde abajo y a las discusiones del equipo de liderazgo en sus sesiones de gobierno del portfolio, se tomarán decisiones de repriorización de programas y reasignación de recursos que se trasladarán a los equipos para reajustar su capacidad de ejecución en los siguientes sprints. Todo este proceso requiere herramientas analíticas que estén integradas con la ejecución de los equipos -para evitar crear capas adicionales de reporting- y que alimenten a su vez las herramientas de gobierno del equipo de liderazgo.

Sobre la base de esta medición continua, el proceso de priorización debe llevarse a cabo periódicamente (trimestral o cuatrimestralmente) para en función del progreso de los proyectos revisar su priorización de forma dinámica. Esta priorización afecta fundamentalmente a la asignación de recursos, tanto económicos como humanos, a los proyectos. Para llevarla a cabo, es necesario contar con una organización líquida que permita la movilidad de personas y presupuestos entre proyectos y entre áreas, tal como hemos comentado en el capítulo 5. Asimismo, puede ser útil dejar algunos recursos sin asignar para poder gestionar imprevistos que surgirán durante el trimestre, una vez cerrada la priorización de proyectos.

Para la priorización de proyectos se pueden utilizar diferentes fórmulas siguiendo distintos criterios: nivel de prioridad del objetivo al que apunta el proyecto, categorización del proyecto en otras dimensiones estratégicas, impacto previsto en la cuenta de resultados, criterio experto del área espónsor... Un criterio interesante es analizar el impacto que tendría no llevar a cabo el proyecto para compararlo con su coste de oportunidad. También es importante que desde una visión equilibrada del portfolio, dejemos espacio para destinar recursos a iniciativas de mantenimiento y pequeños evolutivos y para gestionar la deuda técnica, ya que de lo contrario la tendencia natural será poner siempre más foco en el desarrollo de nuevas iniciativas.

Como ya hemos comentado, el equipo de liderazgo será el responsable de guiar el proceso de priorización del portfolio, dedicándole tiempo de calidad. Su rol debería ser ayudar a la organización a entregar valor con agilidad e innovación, poniendo foco en impulsar el impacto de los programas y no en controlar las actividades realizadas por los equipos. El equipo de liderazgo debe ser, por tanto, capaz de tomar decisiones estratégicas sobre la configuración del portfolio como puedan ser redoblar la inversión en un programa que ha pasado a ser más estratégico o reducir los recursos dedicados a otros programas que no están entregando el valor esperado. Al mismo tiempo, el gobierno del portfolio debería ser lo más ligero posible para evitar convertirse en una carga para los equipos que deberían estar centrados en la ejecución de sus proyectos.

Ejecución a través de equipos autónomos

Como ya hemos visto en el capítulo 5, los equipos que están ejecutando el portfolio de proyectos tienen que ser autónomos y autosuficientes. Autónomos al tener la autoridad y la responsabilidad sobre el proyecto que están desarrollando, sus entregables y su impacto. Y autosuficientes al contar en el equipo con todas las capacidades necesarias para progresar y obtener resultados, minimizando las dependencias externas. A su vez, deben ser capaces de crear una verdadera dinámica de equipo basada en la confianza mutua, el reconocimiento del valor que cada persona aporta al equipo y la responsabilidad compartida sobre los resultados. Sobre esta base, el equipo se hace "dueño" de su proyecto, se compromete con él y lo desarrolla de forma *agile*.

Conforme la gestión del portfolio madura con el tiempo, surge la necesidad de evolucionar de un modelo basado en *proyectos* a un modelo basado en *productos*. La visión inicial de proyectos es útil -y en muchos casos necesaria- para crear una organización más líquida y desarrollar la capacidad de reasignar recursos de forma dinámica y estratégica. Pero una vez que esto se ha logrado, entender el desarrollo del portfolio a través de *productos* proporciona una visión más centrada en la entrega de valor y en la capacidad de adaptación a un entorno cambiante. Como describe el libro "Edge: value-driven digital transformation" [10]: *"Los proyectos suelen consistir en un conjunto de features implementadas dentro de un marco temporal. Se forma un equipo de proyecto temporal para completar el conjunto de features dentro de ese plazo (...) La mentalidad de proyecto temporal hace que los participantes incluyan las features de acuerdo con una ventana de tiempo y presupuesto asignados. Esto también presupone que el entorno del mercado no seguirá cambiando o evolucionando una vez que el proyecto haya finalizado".* Por el contrario: *"Los productos son los vehículos que entregan valor a los clientes. Convertir una iniciativa en un producto innovador que evoluciona con el tiempo requiere una mentalidad de producto que se centre en la entrega de valor al cliente en el presente y la adaptabilidad para el futuro".*

Los *productos* se caracterizan, por tanto, por contar con equipos estables en el tiempo que son capaces de madurar como equipo, desarrollar el aprendizaje continuo basado en el feedback del cliente y enfocarse en la entrega de valor al cliente y resto de stakeholders. Desde esta perspectiva, queda clara la importancia del rol del Product Owner en el equipo. El Product Owner tiene la responsabilidad de conectar las necesidades del cliente con las capacidades del equipo y la arquitectura tecnológica de la organización para orientarlas a generar resultados tanto de negocio como estratégicos. Para ello, el Product Owner debe contar con visión de cliente, entendimiento del negocio, conocimiento de la arquitectura y seguridad tecnológicas, capacidad de coaching del equipo... En definitiva, toda una serie de capacidades que hacen del Product Owner un perfil a menudo difícil de encontrar. De hecho, en la medida en que muchas compañías parten de una organización en la que las capacidades de negocio y de ingeniería están separadas en áreas diferentes, la dificultad para encontrar perfiles que combinen ambas capacidades se multiplica. Para cubrir este gap, puede ser útil mover personas entre estas dos áreas para que puedan desarrollar ambos tipos de capacidades, y crear oportunidades de aprendizaje orientadas a este perfil a través de plataformas como Product School.

La Single Development Agenda de BBVA

En el caso de BBVA, la idea de crear una agenda única de desarrollo (o Single Development Agenda - SDA) que abarcara todos los proyectos del Grupo surge en 2015. El foco inicial de la SDA fueron los proyectos de las áreas de Desarrollo de Negocio, es decir, los proyectos que tanto desde el equipo global como desde los equipos locales estábamos desarrollando para mejorar nuestra propuesta de valor al cliente: desarrollo de canales, lanzamiento de productos y servicios, inteligencia comercial, etc. En aquel momento yo tenía la responsabilidad de Desarrollo de Negocio en Turquía, México y América del Sur, y cuando viajaba a los países y me reunía con mi equipo de Desarrollo de Negocio, el director de Ingeniería, el Country Manager... resultaba evidente que cada uno tenía su propia agenda de prioridades y que estas no eran necesariamente las mismas. Esta falta de una visión única provocaba a posteriori muchas fricciones entre los equipos que estaban ejecutando los proyectos, que a menudo recibían mensajes distintos o incluso contradictorios de diferentes personas del Comité de Dirección. Esta problemática local se acentuaba aún más al incluir en la ecuación la agenda global del centro corporativo que existía en paralelo a las agendas locales de los países.

Partiendo de este diagnóstico, decidimos avanzar en la construcción de una agenda única de Desarrollo de Negocio haciendo un primer levantamiento de todos los proyectos tanto a nivel local como global. En ese primer levantamiento surgió un inventario de casi 500 proyectos, que nos permitió por primera vez tener una visión completa de a qué estábamos dedicando nuestros recursos para desarrollar nuestra propuesta de valor. Esta visión del conjunto del portfolio puso encima de la mesa diferentes problemas: solapes entre proyectos de distintos países, falta de alineamiento de proyectos con las prioridades estratégicas, proyectos que seguían desarrollándose por inercia... A partir de ahí, empezamos a trabajar en gestionar y gobernar esta SDA desde una visión única, tratando de eliminar los solapes y desalineamientos y empezando a gestionar los nuevos proyectos siguiendo un mismo proceso para su aprobación y asignación de recursos. Al mismo tiempo, empezamos a estructurar los proyectos en programas que nos permitieran gestionar la larga lista de proyectos de forma más estratégica, y a definir fórmulas para su priorización según los objetivos estratégicos del Grupo.

Todo esto resultó ser un proceso lento y complejo en el que continuamente nos peleábamos con la falta de información sobre los proyectos, el uso de diferente lenguaje para referirnos a las mismas cosas, distintas formas de considerar el capex y el opex de los proyectos, etc. Un reto especialmente complejo fue la asignación a los proyectos de recursos procedentes de distintas áreas del banco. Como los presupuestos estaban divididos en áreas funcionales (marketing, desarrollo, infraestructura, etc), la ejecución de los proyectos dependía de obtener el presupuesto necesario de cada una de estas áreas. De este modo, podía suceder que un proyecto consiguiera su presupuesto de desarrollo pero se quedara a medias en obtener su presupuesto de marketing. Esto lógicamente no tenía ningún sentido, ya que la decisión a tomar era si queríamos llevar a cabo ese proyecto o no y cuál era su nivel de prioridad frente a los demás, pero una vez decidido esto los recursos necesarios no podían depender del criterio de cada área funcional. Como decía Carlos Torres Vila (CEO del banco en aquel momento), utilizando el símil de la construcción, la decisión a tomar no era a qué queríamos dedicar los ladrillos o a qué queríamos dedicar el cemento, sino si queríamos construir o no el puente. Una vez tomada la decisión de construir el puente, no podíamos cuestionar la disponibilidad de ladrillos o cemento para hacerlo. Cambiar esta dinámica supuso un gran reto no sólo cultural sino también de procesos y tecnología, ya que todas las herramientas de asignación presupuestaria del banco estaban construidas desde una visión funcional.

Figura 10. Evento de planificación trimestral en Madrid

Con el paso del tiempo, paciencia y perseverancia, todo este esfuerzo fue dando sus frutos. La SDA, que inicialmente era un inventario de proyectos construido bottom-up, empezó a convertirse en un portfolio ordenado desde los objetivos estratégicos del banco. Los proyectos empezaron a tener indicadores para evaluar su *medida de éxito* y esos indicadores pasaron a impactar en la priorización de los proyectos. La priorización de proyectos se convirtió en un proceso dinámico que se revisaba trimestralmente y que servía de base para el staffing de los proyectos, la asignación de presupuesto y la gestión de las dependencias entre proyectos. Más allá de estos avances, la SDA tuvo un gran impacto en el día a día de los equipos, que a menudo se desgastaban tratando de alinear esfuerzos de distintas áreas para sacar adelante sus proyectos y que gracias a la SDA vieron como ese alineamiento se generaba desde una agenda única. Igualmente, las áreas de apoyo (Servicios Jurídicos, Cumplimiento Normativo, etc) se beneficiaron de contar con una demanda de trabajo de los proyectos que ahora les llegaba ordenada y priorizada gracias a la SDA.

Dado el avance que estos cambios supusieron en nuestra capacidad para alinear estrategia y ejecución, en 2017 decidimos extender el alcance de la SDA a los proyectos de todas las áreas del Grupo en todas sus geografías. De este modo, el banco pasó a tener una agenda única que integraba más de 2.000 proyectos bajo una misma visión, generando transparencia y visibilidad sobre la dedicación de los recursos del banco. Este salto supuso que a partir de entonces el Global Leadership Team asumiera un rol clave en el gobierno de la SDA, dedicando sesiones de 4-5 horas cada trimestre a revisar la SDA, discutir sobre sus resultados y priorización y tomar decisiones que sirvieran para alinear el trabajo de todos los equipos en las distintas áreas del banco.

Como recoge un artículo del Massachusetts Institute of Technology (MIT) [11] sobre el modelo de priorización estratégica de BBVA, el gobierno de la SDA ha supuesto importantes avances para el banco, como que el porcentaje de iniciativas dedicado a sus prioridades estratégicas haya aumentado del 60% en 2018 al 75% en 2021, o que el tiempo medio para que una iniciativa tenga impacto estratégico se haya reducido de 7.5 trimestres en 2018 a 5.6 trimestres en 2021.

Preguntas de cierre

– ¿Cuenta tu organización con una agenda única de desarrollo que integre y transparente todos los proyectos estáis llevando a cabo?

– ¿Tienen los proyectos una *medida de éxito* clara y concreta? ¿Conectan estos indicadores de los proyectos con los objetivos estratégicos de la organización?

– ¿Existe un proceso de priorización de proyectos que revise la asignación de recursos trimestral o cuatrimestralmente? ¿Se involucra el equipo de liderazgo en este proceso?

8. Activos clave

Como veíamos en el primer capítulo, los activos clave de *la red de aprendizaje* son los nodos que la conforman: las personas, la tecnología y los datos.

Las personas

Las personas son el activo más importante de la red ya que son el único activo capaz de dar un sentido de propósito a la organización y crear un liderazgo inspirador. Hablamos de personas y no de talento, ya que se trata precisamente de considerar no sólo las capacidades profesionales de las personas sino la integridad de su naturaleza humana.

Tal como describe Ken Wilber en su psicología integral [5], el ser humano es un ser multidimensional en el que cada dimensión integra y transciende a la anterior. En su dimensión más básica, el ser humano es un *ser físico* que está formado por un conjunto de átomos y moléculas que son objeto de estudio de la física y la química. En este nivel básico, la organización tiene la responsabilidad de garantizar la seguridad en el trabajo para preservar la integridad física de las personas que forman parte de ella. En un segundo nivel, el ser humano es un *ser biológico* en el que los procesos de la vida que regulan su relación con el entorno (la respiración, la alimentación, la respuesta ante estímulos externos...) son fundamentales para su supervivencia. La dimensión biológica del ser humano integra y transciende su dimensión física y es responsable de las emociones: la sorpresa, la ira, el miedo, la alegría, etc. En este nivel, la organización debe ofrecer un entorno de trabajo saludable en aspectos como la calidad del aire, la iluminación, una oferta alimentaria sana, facilidad para realizar ejercicio físico... y un ambiente laboral en el que se promueva el autocontrol emocional facilitando espacios para la distracción, la relación social o el mindfulness.

En un tercer nivel, el ser humano desarrolla su *capacidad mental*, que integra y transciende a las anteriores dimensiones física y biológico-emocional. Gracias a su capacidad mental, el ser humano puede elaborar imágenes simbólicas, conceptos, ideas y pensamientos que trascienden la realidad física y que le permiten modelizar esa realidad para anticiparse al futuro y decidir su comportamiento adaptándose a un entorno cambiante. En esta dimensión se generan los sentimientos (el afecto, la admiración, la envidia, el odio...) que condicionan en gran medida la calidad de nuestros pensamientos. La organización tiene en este nivel la responsabilidad de generar un entorno que promueva la comunicación, el diálogo y la colaboración entre personas de diferentes perfiles para impulsar su apertura mental y el enriquecimiento de su conocimiento. Al mismo tiempo, debe ser capaz de crear oportunidades para desarrollar nuevas capacidades y asumir nuevas responsabilidades que promuevan el crecimiento personal. También debe facilitar el desarrollo de relaciones personales duraderas basadas en la confianza, ya que como demuestra el estudio de Gallup [12], tener un mejor amigo en el trabajo es uno de los factores clave para activar el compromiso de los empleados con la organización. Y lograr todo esto desde unos valores compartidos que promuevan sentimientos positivos como la admiración por el trabajo bien hecho y excluyan sentimientos negativos como el rechazo al que es diferente.

Finalmente, en un cuarto nivel el ser humano puede desarrollar su *capacidad transcendental*, que integra y transciende a las anteriores dimensiones física, biológico-emocional y mental-sentimental. Ganando perspectiva sobre sus propios pensamientos, el ser humano es capaz de gestionarlos y no dejarse dominar por ellos. Esto requiere lógicamente cierto ejercicio: del mismo modo que el ejercicio físico es necesario para gozar de una buena salud física, cierto ejercicio es también necesario para gozar de una buena salud mental. Este ejercicio consiste en desarrollar la capacidad de parar nuestra mente a través del silencio y la quietud de la meditación, para poder así observar nuestro discurso mental en lugar de dejarnos llevar por él. De esta manera, observando nuestros pensamientos y actuando sobre ellos, podemos llegar a transcender nuestro ego y sus necesidades de control y reconocimiento. En la medida en que las personas de la organización sean capaces de mitigar sus necesidades de control y reconocimiento, la organización disfrutará de una mayor creatividad y conectividad para desarrollarse. Es en esta dimensión transcendental donde las personas conectan con su sentido de propósito personal y donde la organización tiene, por tanto, la oportunidad de conectar a las personas con su propósito. En última instancia, esta dimensión trascendental conecta con nuestra dimensión espiritual, que la organización debe valorar y respetar, y que conduce a la persona a enfocarse en el servicio a los demás promoviendo una verdadera cultura de equipo.

El crecimiento de las personas en estas dimensiones va asociado en muchas ocasiones a procesos de cambio. La transformación de las organizaciones provoca que muchas personas tengan que enfrentarse a cambios en sus responsabilidades, puestos de trabajo, equipos...; cambios que habitualmente generan inquietud e incertidumbre. En este contexto, Lisa Lahey [13] (profesora de educación en la Universidad de Harvard) explica metafóricamente que cuando el ser humano se enfrenta a un cambio lo afronta como si estuviera conduciendo un coche en el que por un lado está pisando el freno, reflejando sus inquietudes y miedo al cambio, y al mismo tiempo está pisando el acelerador, anhelando descubrir nuevas oportunidades. En medio de esta situación, el motor está en plena combustión y consume mucha energía pero el coche apenas se mueve, hasta que finalmente la persona decide soltar el freno y se abre a un nuevo espacio lleno de oportunidades. Las organizaciones pueden, por tanto, ser un entorno en el que las personas aprendan a convivir con la incertidumbre y se desarrollen explorando nuevos territorios para su crecimiento profesional y personal.

La tecnología y los datos

Conforme la digitalización se ha ido extendiendo a todos los ámbitos de nuestra economía y de nuestra sociedad, la tecnología se ha convertido también en un activo fundamental para cualquier organización. Pero más allá de la digitalización, distintas tecnologías han tenido y pueden llegar a tener un impacto disruptivo en nuestra sociedad.

La disrupción tecnológica no es un fenómeno nuevo, sino un proceso que nos ha acompañado a lo largo de toda la historia de la humanidad. Como ejemplo ilustrativo, el desarrollo de las capacidades de navegación marítima y las técnicas cartográficas en el s.XV permitieron que Vasco de Gama abriera una ruta marítima para llegar desde Europa a la India bordeando el cabo de Nueva Esperanza, lo cual supuso una disrupción del comercio terrestre a través de la ruta de la seda y la ruta de las especias. O más recientemente, la invención de la máquina de vapor por James Watt en el siglo XVIII transformó los procesos de producción en sectores como la minería y la fabricación textil y permitió desarrollar nuevos sistemas de transporte como el barco de vapor y el ferrocarril. Siendo así, ¿por qué hablamos tanto hoy de disrupción tecnológica? ¿Qué ha cambiado respecto a los desarrollos tecnológicos de siglos anteriores? Podemos destacar dos factores:

- Por un lado, el desarrollo tecnológico ha pasado de ser un proceso lineal (como eran las mejoras de las técnicas navales y cartográficas en el s.XV) a ser un **proceso exponencial**, fundamentalmente tras la aparición de la ley de Moore en 1965 por la cual la capacidad de los microprocesadores se duplica cada 2 años. Un buen ejemplo para entender el impacto de un proceso exponencial lo tenemos en la secuenciación del genoma humano: así como la primera secuenciación del genoma en los años noventa requirió un esfuerzo de 13 años y una inversión de 3.000 millones de dólares, hoy en día cualquier persona puede obtener su genoma en unos días por menos de 500 euros.

- Por otro lado, los procesos de disrupción tecnológica han dejado de ser locales y se han convertido en **procesos globales** prácticamente desde su inicio. Siguiendo con el ejemplo naval, la hegemonía marítima fue pasando durante la edad moderna de unas naciones a otras (Portugal, España, Inglaterra) en función de avances locales en la construcción de los navíos. En la era digital, en cambio, tenemos ejemplos como Facebook que nació en 2004 en Boston y en tan sólo 8 años alcanzó los mil millones de usuarios en todo el mundo.

En definitiva, en las últimas décadas hemos pasado de procesos de disrupción tecnológica que se desarrollaban en periodos de 150-200 años (como sucedió con la revolución industrial) a procesos de disrupción tecnológica que suceden en apenas 10-20 años (como el móvil). En esta nueva escala temporal, podemos analizar cómo los últimos 20 años de revolución digital han estado marcados por tres grandes disrupciones tecnológicas: la nube, que ha permitido el desarrollo de servicios digitales autoconsumibles y escalables; el móvil, un nuevo interfaz que ha hecho esos servicios en la nube accesibles en cualquier momento y lugar; y el big data, que ha permitido que estos servicios sean además contextuales y personalizados. Si pensamos en los próximos 20 años, podemos anticipar que tecnologías como la inteligencia artificial basada en machine learning, blockchain y el desarrollo de la web3 descentralizada o la computación cuántica pueden tener un impacto tan o más disruptivo que las tecnologías anteriores.

En este contexto, la tecnología y los datos adquieren una relevancia fundamental en el desarrollo de las organizaciones. Las redes de aprendizaje ya no pueden entenderse sólo como redes de personas, sino que tienen que incorporar también tecnología y datos que contribuyan a multiplicar el impacto que la red es capaz de generar. A modo de ejemplo, una organización como BBVA que quiere generar un impacto positivo en las personas ayudándoles a gestionar mejor sus finanzas personales (su capacidad de ahorro, nivel de endeudamiento, planificación para el futuro, etc), podría hacerlo contando con un gran equipo de personas que asesoran a sus clientes, pero si quiere llegar a millones de clientes de forma personalizada y contextual necesita inevitablemente apoyarse también en aplicaciones móviles, analítica avanzada, algoritmos basados en datos... Al mismo tiempo, las capacidades de los gestores del banco pueden verse aumentadas gracias a estas y otras herramientas tecnológicas.

Preguntas de cierre

– Más allá del talento y la capacidad profesional, ¿considera tu organización a sus empleados como personas en todas sus dimensiones?

– ¿Promueve tu organización la interacción entre personas de diferentes perfiles? ¿Es capaz de crear oportunidades para las personas de adquirir nuevas capacidades y responsabilidades?

– ¿Trabaja tu organización en aumentar las capacidades de las personas en sus puestos de trabajo a través del uso de la tecnología y los datos?

9. Los próximos diez años

Como apuntaba al inicio del libro, las ideas aquí recogidas nacen de la experiencia acumulada durante diez años en un proceso de transformación extraordinario como ha sido el de BBVA. No se trata por tanto de ideas teóricas, sino de ideas basadas en la experiencia y los aprendizajes extraídos a lo largo de los años. Pero inevitablemente son también ideas que ya hoy, conforme nos adentramos en nuestro futuro inmediato, empiezan a quedarse atrás y nos obligan a mirar de nuevo hacia delante: los próximos diez años.

En mi investigación actual trato de visualizar cómo pueden ser las organizaciones humanas dentro de diez años partiendo del concepto de **inteligencia colectiva aumentada**, concepto que se basa en nuestro entendimiento de la inteligencia en varias dimensiones. Una primera dimensión es el plano individual o lo que podemos llamar simplemente *inteligencia humana*. Una segunda dimensión es la inteligencia que surge de la conexión e interacciones en pequeños o grandes grupos de personas, o lo que podemos llamar *inteligencia colectiva*. Una tercera dimensión es la inteligencia que surge de la amplificación de la capacidad intelectual humana mediante el uso de sistemas de inteligencia artificial, o lo que podemos llamar *inteligencia aumentada*. Por último, la *inteligencia colectiva aumentada* es el "espacio tridimensional" resultante de la combinación de las tres dimensiones anteriores.

Cada una de estas dimensiones de la inteligencia tiene sus propios campos de investigación; por ejemplo, la neurociencia y la consciencia en el caso de la inteligencia humana, o el diseño organizacional en el caso de la inteligencia colectiva. Al mismo tiempo, el desarrollo tecnológico está también ampliando nuestra comprensión de la inteligencia humana a través por ejemplo del estudio del cerebro con la Resonancia Magnética Nuclear, al tiempo que permite el diseño y testeo de nuevas formas de inteligencia colectiva como las Organizaciones Autónomas Descentralizadas (o DAOs por sus siglas en inglés) y sistemas de inteligencia aumentada como el Procesamiento de Lenguaje Natural. La combinación de estos avances abrirá asimismo nuevos espacios de exploración todavía desconocidos.

Elevar el nivel de consciencia

Siendo todos estos ámbitos de investigación relevantes en sí mismos, creo que hay dos factores que resultan particularmente críticos para desarrollar una verdadera inteligencia colectiva. El primero de ellos es el nivel de consciencia de las personas de la organización, ya que este marcará los límites de la capacidad de la organización para colaborar y poder pasar de ser un grupo de individuos a convertirse en una inteligencia colectiva. Muchas empresas intentan hoy llevar a cabo profundas transformaciones que en la práctica no funcionan porque las personas que las integran -empezando por su equipo de liderazgo- no tienen un nivel de consciencia suficientemente alto como para trascender sus egos y perseguir objetivos verdaderamente colectivos.

El nivel de consciencia de una organización viene dado por el nivel de consciencia de las personas que la integran, pero entre ellas el equipo de liderazgo ejerce una influencia multiplicadora sobre el resto de la organización. Dicho de otra manera, el nivel de consciencia de una organización difícilmente será más alto que el de su equipo de liderazgo, del mismo modo que un aumento del nivel de consciencia del equipo de liderazgo impulsará el del resto de la organización. Es por ello que promover el desarrollo de un liderazgo consciente resulta clave para el progreso de la organización. El problema es que en algunas ocasiones los miembros del equipo de liderazgo tienden a caer en el egocentrismo, al haber tenido una carrera muy exitosa y estar a menudo rodeados de personas aduladoras. En este contexto, aquellos equipos de liderazgo que sean capaces de desarrollar un liderazgo consciente, transcendiendo sus egos personales, podrán tener un gran impacto en sus organizaciones.

Aumentar el nivel de consciencia personal requiere crecer en *sabiduría* y crecer en *intención*. Crecer en *sabiduría* pasa por ampliar y enriquecer nuestro marco mental para entender mejor la realidad que nos rodea y a nosotros mismos, desarrollando una mente abierta para transcender nuestros propios paradigmas mentales. Por otro lado, crecer en *intención* implica desarrollar una vocación de servicio a los demás que a través de una orientación a las personas por encima de las tareas y los resultados, nos permita descubrir el valor único de cada persona.

En definitiva, un líder consciente es un líder que está al servicio de todos.

Aumentar la conectividad

El otro factor crítico para desarrollar una inteligencia colectiva es aumentar la conectividad de las personas en la red de la organización. Si entendemos de nuevo la organización como una red descentralizada de personas, tecnología y datos que interactúan de forma dinámica, el proceso creativo de dicha red se basa en la frecuencia, diversidad y calidad de esas interacciones. Estos factores dependen a su vez de la conectividad de la red, es decir, del grado de conexión existente entre los distintos nodos de la red.

Esto resulta evidente si vemos un par de ejemplos sencillos. Una empresa en la que las áreas de Negocio e Ingeniería operan de forma independiente, con interacciones limitadas a trasladar desde el Negocio sus necesidades a Ingeniería y a entregar desde Ingeniería sus desarrollos al Negocio, será mucho menos eficaz que una empresa en la que las áreas de Negocio e Ingeniería son capaces de crear equipos mixtos que trabajan juntos e interactúan diariamente. Del mismo modo, una empresa en la que la información se transmite exclusivamente de arriba a abajo a través de la cadena de jerarquía será menos capaz de desarrollar su inteligencia colectiva que una organización más plana en la que las interacciones de comunicación surgen de forma orgánica y multidireccional en lugar de seguir un proceso lineal predeterminado.

Para profundizar en este tema podemos acudir a la teoría de redes, una disciplina académica relativamente reciente que surge formalmente con la publicación del artículo "On Random

Graphs I" [14] de Paul Erdös y Alfréd Rényi en 1959 y que se ha desarrollado sobre todo en las últimas décadas. Una de las leyes básicas de la ciencia de redes es la ley de Metcalfe, que dice que así como el coste de una red crece linealmente con su número de nodos, los beneficios de la red crecen con el número de conexiones entre sus nodos. Es decir, para una red dada (en el ámbito organizacional diríamos que para un grupo de personas dado) el valor de la red crece con el número de conexiones entre sus nodos (el valor de la organización crece con el nivel de conectividad de las personas dentro de la organización). La teoría de redes nos dice también que las redes tienen propiedades codificadas en su propia estructura que limitan o expanden su comportamiento. Un ejemplo interesante es el fenómeno de *transición de fase*, fenómeno por el cual cuando una red alcanza un determinado nivel de conexiones entre sus nodos, la conectividad de toda la red da un salto y emerge su comportamiento como sistema complejo. Este fenómeno es lo que sucede por ejemplo en química cuando un gas se enfría y pasa a estado líquido. Llevando este fenómeno al ámbito organizacional, la *transición de fase* nos diría que cuando la red de una organización alcanza cierto nivel de conexiones entre las personas que la forman, la conectividad y el valor de la red se multiplican.

Estas ideas sirven de algún modo para ilustrar que existe un amplio campo para el estudio del comportamiento de las organizaciones humanas desde la perspectiva de la teoría de redes, la cual nos debería servir para crear nuevos diseños organizativos basados en redes descentralizadas.

El nuevo paradigma de las DAOs

En la medida en que avanzamos en crear organizaciones más descentralizadas, el reto de coordinar a cientos o miles de equipos autónomos y autoorganizados resulta evidente. Algunos de los elementos que ya hemos comentado (un liderazgo consciente, un propósito compartido, unos valores comunes…) pueden contribuir de forma decisiva a alinear estos equipos descentralizados. Pero más allá de estos elementos, la tecnología puede también jugar hoy un papel relevante ayudando a alinear incentivos y establecer consensos entre equipos que operan de forma descentralizada. Con tecnología nos referimos en este caso a blockchain, los contratos inteligentes y las organizaciones autónomas descentralizadas (DAOs).

En este nuevo paradigma, blockchain representa un registro público e inmutable en el que la información de una organización queda almacenada y es accesible y trazable por todos sus miembros. Los contratos inteligentes, a su vez, permiten que los acuerdos que alcance la organización sobre sus reglas de funcionamiento (desde cómo se retribuye a los colaboradores usando protocolos descentralizados como Sablier hasta cómo se votan las decisiones de inversión usando aplicaciones descentralizadas como Aragon Voice) estén programados y se ejecuten de forma automática. Finalmente, las DAOs son los primeros experimentos que se están llevando a cabo para escalar este modelo al conjunto de sistemas y procesos necesarios para gestionar una organización, con ejemplos interesantes como Yearn Finance en el ámbito de las finanzas descentralizadas o Decentraland en el mundo de los metaversos.

Muchos de estos experimentos se han encontrado con la dificultad de programar de forma automática el gobierno completo de una organización y han acabado desarrollando un sistema híbrido que combina la ejecución automática de contratos inteligentes con la resolución de disputas offline. En cualquier caso, parece indudable que la experimentación en este ámbito está abriendo nuevas posibilidades para la coordinación de equipos descentralizados a gran escala, y que el desarrollo de estos nuevos modelos nos permitirá entender en los próximos años hasta qué punto la tecnología puede impulsar la creación de nuevas organizaciones descentralizadas.

En definitiva, como cierre del libro y mirando hacia el futuro, creo -y espero- que las organizaciones de dentro de 10 años se construirán sobre la base de líderes conscientes y redes descentralizadas. Pero eso será ya materia de otro libro…

Referencias bibliográficas

(1) Dee Hock (2005). *One From Many: Visa and the Rise of Chaordic Organization.* Berrett-Koehler.

(2) Esko Kilpi. *New Economic Spaces.* Publicado el 11 de agosto de 2017. https://medium.com/@EskoKilpi/new-economic-spaces-b5fd19f6a668

(3) Marc Andreessen. *Why Software Is Eating The World.* Publicado en The Wall Street Journal el 20 de agosto de 2011.

(4) Salim Ismail, Michael S. Malone y Yuri Van Geest (2014). *Exponential Organizations: Why new organizations are ten times better, faster and cheaper than yours (and what to do about it).* Diversion Books.

(5) Ken Wilber (2000). *Integral Psychology: Consciousness, Spirit, Psychology, Therapy.* Shambhala.

(6) Bob Anderson y Bill Adams. *Five Levels of Leadership.* Publicado el 19 de noviembre de 2015. https://leadershipcircle.com/en/five-levels-of-leadership

(7) Aaron De Smet, Michael Lurie y Andrew St. George. *Leading agile transformation: the new capabilities leaders need to build 21st-century organizations.* Publicado el 1 de octubre de 2018. https://www.mckinsey.com/business-functions/people-and-organizational-performance/our-insights/leading-agile-transformation-the-new-capabilities-leaders-need-to-build-21st-century-organizations

(8) Kevin Kelly (2016). *The inevitable: understanding the 12 technological forces that will shape our future.* Viking.

(9) Frederic Laloux (2014). *Reinventing organizations: a guide to creating organizations inspired by the next stage of human consciousness.* Nelson Parker.

(10) Jim Highsmith, Linda Luu y David Robinson (2020). *Edge: Value-Driven Digital Transformation.* Pearson Addison-Wesley.

(11) Nils O. Fonstad y Jukka Salonen. *Four changes: how BBVA generated greater strategic value.* Publicado el 29 de octubre de 2021. https://cisr.mit.edu/publication/MIT_CISRwp452_BBVA-SDA_FonstadSalonen

(12) James K. Harter, Frank L. Schmidt, Emily A. Killham y Sangeeta Agrawal. *Q12® Meta-Analysis: The Relationship Between Engagement at Work and Organizational Outcomes.* Publicado en gallup.com en agosto de 2009.

(13) Robert Kegan y Lisa Lahey (2009). *Immunity to Change: How to Overcome It and Unlock the Potential in Yourself and Your Organization.* Harvard Business School Press.

(14) Paul Erdös y Alfréd Rényi. *On Random Graphs I.* Publicado en Publicationes Mathematicae Debrecen, 6, 290-297 en 1959.

¡GRACIAS!

Gracias por el tiempo que has dedicado a leer *La red de aprendizaje*. Si te ha gustado el libro y lo has encontrado útil, te estaría muy agradecido si dejas tu opinión en Amazon. Me ayudará a escribir nuevos libros relacionados con este tema en el futuro.

Para estar al día de mi actividad puedes seguirme en Twitter en @rforcano

Printed in Great Britain
by Amazon